LA GOUVERNANCE JUDICIAIRE

Promouvoir au Sénégal
une justice moderne et efficiente

Maître Mamadou DIOP

La gouvernance judiciaire

Promouvoir au Sénégal une justice moderne et efficiente

10 VDN, Sicap Amitié 3, Lotissement Cité Police, DAKAR

http://www.harmattansenegal.com
senharmattan@gmail.com
senlibrairie@gmail.com

ISBN : 978-2-343-11282-4
EAN : 9782343112824

PRÉFACE

À force d'être roulé par les médias depuis des années, le terme de gouvernance semble avoir perdu de ses aspérités. Or, de récents travaux l'ont mis en débat public, révélant ainsi sa plasticité et la pertinence des usages, riches et variés, qu'il charrie.

C'est un concept polysémique qui, associé à un adjectif, permet de préciser les objectifs qu'on lui fixe (good gouvernance, gouvernance démocratique, gouvernance efficace...) ou de définir son espace de déploiement (gouvernance globale, gouvernance territoriale, gouvernance urbaine).

Pour autant, on peut l'approcher comme étant la structuration d'un secteur de politiques publiques (gouvernance foncière et domaniale, gouvernance de l'offre de soins, etc.). Dans ce dernier cas, il est probable que le mot ne soit simplement employé que comme synonyme d'« institution » ou d'« organisation ». C'est le cas dans la plupart des usages – rares – du syntagme « gouvernance judiciaire »[1]. Ainsi, lorsque l'auteur de cet ouvrage, Maître Mamadou DIOP, aborde le problème de « la gouvernance judiciaire », ses réflexions portent en fait sur les conditions d'un bon fonctionnement de l'institution judiciaire au regard des exigences de l'État de droit. Hanté par l'impuissance publique face aux changements « nombreux et répétitifs » et à « une certaine frénésie à réformer sans atteindre véritablement le

[1] **J. FICET**, « Les ambiguïtés de la gouvernance judiciaire », *Revue gouvernance,* printemps, 2008, p.1 et s.

but visé c'est-à-dire une justice moderne, accessible pour tous », il met en avant les implications théoriques d'une application du concept de gouvernance à l'étude du secteur judiciaire dans un pays africain, en l'occurrence le Sénégal.

Auteur avisé, il confirme par l'analyse des textes que le droit enseigne la rigueur. Mais, il n'oublie pas de s'ouvrir également à la sociologie politique qui, par l'imagination, entraîne le juriste bien au-delà du droit.

Sachant d'expérience que « la notion est l'outil qui permet d'opérer des qualifications en vue de procéder à l'imputation de régimes juridiques déterminés[2] », *il clarifie les termes qui structurent son ouvrage. Dans cette vue, il s'attache à relever l'emploi que l'on compte faire du terme de gouvernance, en soulignant la dimension prescriptive, non sans écarter de son texte la présentation d'une synthèse de ses innombrables acceptions, travail déjà effectué à maintes reprises[3]. Outre les « discours normatifs, producteurs d'effets tant symboliques que pratiques », il semble que les normes, les valeurs et images associées à la thématique de la gouvernance composent, désormais, « une sorte de matrice cognitive et discursive qui vient informer les stratégies d'acteurs présents dans quasiment tous les secteurs de l'action publique » (ici celui de la Justice), formant une sorte de « référentiel global ».*

---

2 **F.-P. BENOIT**, « Notions et concepts, instruments de la connaissance juridique », *Mélanges en l'honneur de Gustave Peiser,* Presses Universitaires de Grenoble, 1995, p.27.

3 Voir not. **G. STOKER**, « Cinq propositions pour une théorie de la gouvernance », Revue internationale des sciences sociales, N° 155, 1998, p.19-30.

Cela étant, Maître DIOP observe que pour « endiguer le phénomène du dépérissement de la justice », le Sénégal doit s'inscrire à l'école de l'imagination.

Il est bien placé pour avancer une telle idée : ses travaux, sa force de conviction et sa riche expérience professionnelle en font un intellectuel dont les idées ont grandement contribué à mettre en perspective bien des sujets d'intérêt national. Avec ce livre, l'auteur confirme les qualités déjà décelées en lui, grâce à ses nombreuses publications : une érudition inattaquable et, surtout, une certaine manière de scruter cette course sans fin que se livrent la réflexion et l'action.

En pointant le malaise, voire les inquiétudes qui accompagnent la réorganisation du système judiciaire, il s'agit de prévenir tout aléa qui serait préjudiciable à la justice, vertu permettant d'instituer le bon ordre dans la société et entre individus.

Au-delà de ces observations, il s'agit d'éviter que la flamme entretenue par l'idéal de justice ne s'éteigne, cet idéal de justice qui fait l'objet de réflexions sur une société, parfaite et harmonieuse, fondée sur la justice. Mais parallèlement, il s'agit de créer les conditions de la construction d'un État de droit, propre à favoriser l'installation d'une institution judiciaire qui fixe la règle du jeu, projette la loi dans la vie quotidienne, une justice à qui incombe la détermination du contenu normatif des libertés fondamentales, la protection de l'individu contre d'éventuelles violations par les pouvoirs publics de ses droits, mis en œuvre dans l'ordre constitutionnel.

À cet égard, la contribution de Maître Mamadou DIOP renforce indubitablement la doctrine juridique.

L'ambition qui anime son travail est présentée avec une remarquable concision dans l'introduction où il re-

trace l'évolution de l'institution judiciaire, avant de s'attaquer au concept de gouvernance qu'il applique à la réorganisation du secteur judiciaire au Sénégal.

À travers un plan bien structuré, se déclinant en trois parties (chaque partie étant à son tour divisée en chapitres), l'auteur tient le lecteur par la main et lui fait découvrir l'institution judiciaire, à travers ses dimensions institutionnelle, technique et politique.

La dimension institutionnelle de la justice comporte l'idée que celle-ci constitue à la fois un idéal philosophique et moral, l'exercice d'une activité, et un ensemble d'institutions.

La justice désigne avant tout une valeur, un sentiment, le sentiment de justice dont la caractérisation paraît à la fois instinctive et complexe : elle s'éprouve dans la tension qui sépare l'injuste du juste et dans l'acte par lequel on rend la justice.

Ce faisant, l'activité de juger mobilise un ensemble de règles, de pratiques, de métiers, de statuts et de discours concourant à l'exercice de la fonction de juger. La justice désigne alors les divers organes auxquels la souveraineté nationale a officiellement délégué le pouvoir d'interpréter la loi et d'en assurer l'application par l'exercice de la faculté de trancher le juste et l'injuste.

Au plan technique, le service public de la justice est régi par des principes d'organisation internes qui permettent d'en comprendre la structure.

Certains de ces principes sont traditionnels et trouvent à s'appliquer dans le domaine judiciaire.

Retenons-en deux qui nous paraissent essentiels :

- le principe de continuité, qui assure la permanence des services judiciaires et limite le droit de grève dans la magistrature ;

- le principe de hiérarchie, qui concerne à la fois les juridictions et les membres du corps judiciaire.

D'autres principes d'organisation sont spécifiques à l'activité judiciaire :

- le principe de collégialité, qui postule l'intervention de plusieurs juges pour délibérer sur la plupart des décisions ;

- le principe de séparation des fonctions, qui est illustré par la distinction entre magistrats du siège et du parquet.

Par ailleurs, dans ses relations avec les usagers, le service public de la justice est gouverné par quelques principes de fonctionnement dont trois sont des plus importants :

- le principe d'égalité, qui est corollaire du principe d'égalité devant la loi ;

- le principe de gratuité, qui n'exclut cependant pas l'existence de frais de justice ;

- le principe de neutralité, qui est directement lié à l'exigence d'impartialité

Sur l'ensemble de ces points, l'auteur s'emploie, par des observations toujours minutieusement articulées, à faire ressortir les méthodes et techniques judiciaires.

Très vite, il embarque le lecteur non seulement dans la découverte des méthodes et techniques de gestion des ressources du service public de la justice, mais aussi dans la connaissance des méthodes et techniques de contrôle des activités judiciaires.

En bon spécialiste, l'auteur expose tant le contrôle exercé par les juridictions supérieures que celui exercé par les organes spécialisés sur l'institution judiciaire. Ces développements embrassent les divers aspects des dispositifs initiés à cet égard par les pouvoirs publics sénégalais.

L'ouvrage se termine avec la présentation de la dimension politique de la justice. Sont passées en revue non seulement les orientations générales de la politique judiciaire, mais aussi les mesures prises par l'État, pour moderniser les institutions judiciaires, la législation et le droit judiciaire, ainsi que les infrastructures et les équipements. Cette présentation est complétée par une étude des politiques publiques judiciaires sectorielles, et une analyse de la coopération judiciaire internationale.

On peut toutefois regretter que M. DIOP n'ait pas relevé que cette construction collective, d'un édifice fragile qui n'a rien d'intemporel, nécessite une réflexion constante et la collaboration de trois acteurs :

- Les Magistrats, ayant une compétence technique et institutionnelle précise, assistés par leurs greffiers et leur administration, qui ont cette noble mission et cette redoutable tâche de fixer la règle du jeu, de trancher au nom du peuple sénégalais des thèses souvent diamétralement opposées, afin de dire le droit et de mettre fin au litige ;

- Les Avocats, professionnels du droit, qui mettent tout en œuvre, dans le respect de leur déontologie, pour défendre leurs clients en élaborant à cet effet les stratégies nécessaires ;

- Les Universitaires, qui contribuent à la transmission du savoir juridique, tant aux étudiants qu'aux praticiens dans le cadre de la formation continue, et qui sont de

puissantes forces de réflexions et de propositions nouvelles ayant un impact sur le droit positif.

Malgré ces remarques, ce livre vient à son heure. Véritable outil d'analyse, il permet au citoyen de comprendre que Dame Justice est toujours debout et il est certain qu'il suscitera, du fait même de sa richesse, un vif intérêt.

Pr Mamadou BADJI

Doyen de la Faculté des Sciences juridiques et politiques, Université Cheikh Anta Diop de Dakar

Dakar – Fann, le 12 décembre 2016.

Avant-propos

« *Selon les époques, les régimes et les peuples, les fonctions de l'État ont changé suivant le niveau de développement et la civilisation de la nation considérée. Il en résulte que pour nous, l'Etat négro-africain, même avec l'option socialiste, doit être organisé selon l'idée que nous nous faisons de ses fonctions, en définitive de sa finalité.* » Ainsi s'exprimait en 1976, sur le rôle fondamental de l'État, le président Léopold Sédar Senghor, chef de l'État du Sénégal. Le chantre de la négritude aura été, fait rare chez les hommes politiques, celui qui a conçu sur papier et réalisé concrètement l'ambitieux projet de construire un Etat démocratique et moderne. C'est sous son égide que les institutions du jeune État sénégalais ont été élaborées et mises en œuvre.

La République du Sénégal a beaucoup évolué depuis lors. Les structures étatiques se sont développées et consolidées. La société sénégalaise est devenue plus peuplée, les structures administratives, économiques et sociales plus complexes. Il reste cependant que le pays donne aujourd'hui, cinquante années après son indépendance, l'image d'une nation qui cherche encore sa voie.

Des dysfonctionnements sont relevés à tous les niveaux. L'administration d'État et les collectivités locales sont traversées par des courants de démotivation et de démobilisation. La crise de l'économie persiste toujours et aggrave, par voie de conséquence, une demande sociale plus forte que jamais. Il faut donc trouver des espaces de convergence et des solutions propices pour enrayer l'évolution d'une situation qui peut être dangereuse pour l'avenir du pays. La voie du salut réside indéniablement dans la promotion et l'effectivité de la « bonne gouvernance » à tous les niveaux de l'État et de ses démembrements.

D'origine anglo-saxonne, le concept de *bonne gouvernance* a été introduit dans les années 1980-90 par le truchement des institutions de Bretton Woods[4] pour signifier « le bon gouvernement », la compétence, le dialogue, la transparence, la rationalité, l'efficacité dans le management des affaires publiques. Par sa pertinence et son efficacité, le concept de *bonne gouvernance* a fini par prendre corps dans les préoccupations majeures des gouvernements désireux d'entreprendre la réforme de leurs systèmes de représentation et d'institutions.

Le concept de *bonne gouvernance* couvre tous les secteurs de la vie nationale. Il vise tous les pouvoirs d'État : pouvoir exécutif, législatif et judiciaire. Il concerne également les administrations d'État, les collectivités locales ainsi que les agences publiques et parapubliques. Il se traduit par un changement qualitatif des comportements et des mentalités à tous les niveaux de l'État. Il n'est donc pas, comme certains l'ont soutenu, un simple label pour se donner bonne conscience, mais plutôt un engagement collectif résolu pour changer le cours des choses.

C'est pour répondre à cette exigence républicaine que j'ai décidé d'écrire et de produire des ouvrages qui traitent des problèmes que pose la gouvernance des grands secteurs d'activités de l'État. Ayant acquis le savoir et l'expérience au cours d'une très longue carrière au service de l'État (plus de 50 ans), collaboré avec les trois premiers présidents de la République en qualité de ministre et siégé dans toutes les assemblées parlementaires (Sénat et Assemblée nationale) ainsi que dans les assemblées régionales et locales, j'ai acquis la profonde conviction que de tels ouvrages présentent

---

4 Banque mondiale et Fonds monétaire international.

un intérêt indéniable pour des connaissances approfondies sur l'État et ses institutions. Toutes les générations présentes et à venir y trouveront les outils et les informations nécessaires pour des réflexions fécondes et des actions efficientes au service du Sénégal.

INTRODUCTION GÉNÉRALE

La « **justice** », telle une vieille dame marquée par les âges et les tumultes de l'histoire, est au centre des préoccupations nationales et internationales. Malgré le recul du temps, elle fait en effet l'objet de débats interminables, souvent véhéments, dans les instances politiques, économiques et sociales. Partout et en toutes circonstances, on s'interroge sur ses finalités, sur sa place dans la nation, sur ses rapports avec le pouvoir politique, sur l'efficience de son action et l'efficacité de ses décisions.

« **Dame justice** » est pourtant toujours debout. Elle aspire à aller dans le sens de l'histoire et de la modernité en incarnant la paix et le progrès. Ainsi, malgré les invectives, les récriminations, les remises en cause et les contestations en tous genres, elle veut demeurer maîtresse de son destin.

C'est l'évidence, la **justice** doit évoluer et se transformer en profondeur dans ses structures et son fonctionnement ; tâche difficile certes, mais nécessaire. La **justice** est en effet enracinée dans une histoire lointaine et les multiples changements intervenus depuis la nuit des temps ont fini par altérer son visage de **vieille dame** en lui laissant des marques indélébiles.

§I — Le développement historique de l'institution judiciaire

La « vie », disait Flaubert[5], « est un éternel problème et l'histoire aussi », la justice également. La persistance, voire

[5] *Nouveau dictionnaire des citations françaises,* Paris, Hachette n° 11 697.

le développement effréné de la violence et de l'insécurité partout dans le monde, constitue sans nul doute le facteur essentiel du dépérissement de la **justice**. Il y a aussi la volonté manifeste des acteurs du champ de la **justice** de voir les choses changer avec le desserrement de l'étau qui, depuis les temps anciens, a maintenu la **justice** sous la dépendance du pouvoir politique.

I. L'évolution de l'institution judiciaire des origines à l'indépendance du Sénégal

Aux temps anciens, il n'existait pas de séparation entre la **justice** et le pouvoir politique. Les deux pouvoirs se confondaient. L'art de la guerre et l'art de juger revêtaient la même signification : assurer la paix et la justice. Le chef de la communauté assurait, à la fois, les rôles de chef de guerre et de juge. La royauté, qui s'est constituée sur une très longue période, s'est substituée au chef traditionnel pour conduire les destinées de la communauté avec la mission première d'assurer la **justice**.

A. La justice royale

À l'époque carolingienne, le roi était considéré comme le représentant de Dieu sur terre. Il était son élu, son ministre. Sa mission primordiale consistait à assurer la paix et la justice ainsi que la concorde entre les hommes libres. Dans ce cadre, il avait la charge « d'apaiser les conflits, d'éteindre les haines en amenant ceux qui sont déchirés par la colère et la rancune à se donner devant lui le baiser de la paix ».[6]

À l'époque médiévale, le roi assurait non seulement la charge de juger, mais également de combattre. Son but, en toutes circonstances, était de redresser les torts et d'assurer l'établissement, partout, de la justice et de paix. L'exercice

[6] G. Duby, *La justice et le juge aux temps féodaux*, dans ouvrage collectif « La justice », Paris, PUF, 1967, p 216.

de cette double fonction a fini de créer dans la conscience collective des images fortes symbolisant la royauté, marquant ainsi la prééminence de la **justice** dans les préoccupations du peuple, à l'image de ce qui existait au temps du **roi Salomon**.

L'histoire fabuleuse de **Salomon** remonte au songe de Gabaon. Dans ce songe, Dieu, le Seigneur suprême, demanda à **Salomon** ce qu'il aimerait avoir. Celui-ci de répondre qu'il ne demande ni de longs jours, ni la richesse, ni même la vie de ses adversaires. Son vœu le plus ardent était d'avoir le cœur plein de « sagesse divine » afin de pouvoir conduire son peuple dans la voie de la vertu, de l'éthique et de la justice. Le roi Salomon sollicitait ainsi de son Seigneur un don de sagesse pratique pour pouvoir remplir son rôle de roi au service de son Seigneur et de son peuple[7].

Comme à l'époque du roi Salomon, la justice royale, durant la période du **haut Moyen Âge** n'était pas répressive. C'était une justice de conciliation. Homme de concorde, le roi cherchait en toutes circonstances à rétablir l'ordre, la paix. Il recherchait des accords entre parties en conflit, ce qui n'excluait pas, dans certains cas, des interventions fortes pour réprimer des délits qui pouvaient compromettre la paix sociale ou les intérêts de la communauté. **La justice royale** marqua par la suite un déclin avec la désaffection des tribunaux publics. Il y avait aussi l'apparition d'un vaste secteur privé où existaient des formes de justice communément appelée **justice domestique.** Celle-ci fut transformée progressivement en une véritable justice autour des grands châteaux, annonçant l'avènement de la société féodale à la fin du Xe siècle et aux premières heures du XIe siècle.

---

7 Salomon se distinguait par son repenti constant vers son Seigneur, son mépris des plaisirs du bas monde et son assiduité à demander pardon à Dieu lorsqu'il subissait des moments difficiles.

B. La justice féodale

Le déclin de la **justice royale** a correspondu avec la montée en puissance des juridictions d'ordre domestique et foncier. Celles-ci s'arrogèrent peu à peu le pouvoir de juger et de punir ceux qui sont placés sous leur autorité familiale ou autre. C'est le cas notamment de **l'abbaye de Cluny** qui exerça au cours du XIe siècle une véritable justice à la place du roi. Il réunissait autour de lui les tenanciers des fiefs dans le but d'apaiser les discordes qui ont pu naître entre Cluny et certains de ses fondateurs. La **justice,** dans ce cadre, était essentiellement foncière. Le monastère finit par se détacher de la justice royale exercée par le comte. Il y avait également les possesseurs de châteaux-forteresses, les châtelains qui rendaient la **justice** parce qu'ils détenaient l'autorité militaire et assuraient à ce titre le maintien de l'ordre. Ils disposaient du pouvoir de police ainsi que du pouvoir de poursuivre les criminels pour les sanctionner.

Les mutations profondes intervenues entre l'an 1 000 à 1 030 ont eu pour conséquence l'effacement de la justice publique et l'établissement d'une organisation judiciaire articulée autour de chaque seigneurie. Dans le même temps s'est développée une innovation majeure tendant à la mise en place d'institutions pour **la paix de Dieu**. Ainsi s'est concrétisée la différenciation de l'administration et de la justice nobiliaire hiérarchisée. C'est autour de cette idée de justice que s'opéra en grande partie, au XIIe siècle, la restauration de la magistrature royale et, avec elle, la lente pénétration dans la pratique d'une justice considérée comme un service et un devoir et non plus « comme une autorisation d'extorquer »[8].

La conception de la **justice** considérée comme service public a constitué sans nul doute l'héritage le plus important pour la justice contemporaine. Des refoulements et des

---

8 G Duby, *La justice et le juge aux temps féodaux*, p. 227.

transformations ont abouti à une stabilisation du système judiciaire français. Beaucoup d'institutions, parmi lesquelles la vénalité des charges de judicature sont supprimées. D'autres qui avaient disparu avec la Révolution de 1789 furent rétablies. Avec ces changements-restructurations, l'héritage est réduit au maintien de la tradition libérale de la justice civile et de la tradition formaliste du procès judiciaire, traditions largement atténuées par le système colonial.

C. La justice coloniale

En Afrique comme sous l'ancien régime en France, le pouvoir judiciaire n'était pas distinct du pouvoir politique. Les deux pouvoirs étaient exercés par le même personnage. Ainsi, aucun jugement ne pouvait se faire et s'exécuter contre la volonté de l'administrateur colonial. Il reste cependant que dans les pays à religion islamique dominante (Mauritanie), la **justice** était considérée comme émanant de Dieu. Ainsi, aucun jugement d'une juridiction quelconque n'était ni infaillible ni définitif.

La confusion des pouvoirs politique et judiciaire, dans l'Afrique traditionnelle, a posé aux autorités coloniales françaises beaucoup de problèmes. Les compromis entre les préoccupations des uns et des autres ont fini par aboutir à un système de justice hybride, d'une originalité étonnante. À la vérité, **l'administration coloniale** appréciait fortement le sens africain de l'équité et avait en même temps le souci du maintien de l'ordre, de la tranquillité, c'est-à-dire l'ordre social. Ainsi est née l'existence, dans les colonies françaises, dont le Sénégal, de trois ordres de justice : la justice de droit commun, la justice administrative et la justice traditionnelle.

1. La justice de droit commun

La justice française, lors de sa transposition en Afrique, s'est beaucoup assouplie dans un souci de simplification de la procédure judiciaire. C'est ainsi que dans la plupart des cas, on trouvait des juges uniques. Les justices de paix à compétence étendue réunissaient à la fois les attributions du tribunal d'instance et du tribunal de grande instance.

Cette simplification de la procédure concernait également la juridiction d'appel. Dans beaucoup de territoires de l'AOF et de l'AEF, compte tenu du nombre réduit des affaires, la juridiction regroupait un président et un assesseur choisi généralement parmi les magistrats d'instance.

En matière civile et commerciale, le code de la **métropole** était appliqué avec des allégements sensibles. En ce qui concerne la justice pénale, elle concernait à la fois les Européens et les Africains. Le décret du 30 avril 1946, qui a supprimé la justice pénale indigène, et la loi du 7 mai 1946, qui a fait disparaître l'indigénat, ont étendu à des millions de personnes l'application du Code pénal et du code de procédure pénale, alors que ces deux codes ne s'appliquaient auparavant qu'aux Européens. Ce changement radical a eu pour conséquence l'affaiblissement de **l'autorité de l'administrateur colonial** qui était jusqu'ici le « Maître Jacques » de la justice administrative.

2. La justice administrative

Dans les colonies françaises, la **justice** était rendue par le gouverneur du territoire. Celui-ci était entouré par un conseil appelé **Conseil privé,** composé essentiellement de chefs de service. Étant donné la nature des affaires soumises au **Conseil privé**, le gouverneur a fini par faire appel à des magistrats professionnels pour le règlement du contentieux administratif. Ainsi siégeaient au sein du **Conseil privé** deux magistrats, ce qui a pour conséquence la transformation du Conseil privé en Conseil du contentieux administratif[9].

Le **Conseil du contentieux administratif** était composé d'un président de l'ordre judiciaire assisté de deux assesseurs choisis parmi les administrateurs actifs et d'un commissaire du gouvernement choisi également parmi les administrateurs actifs. Au moment de la loi-cadre (loi du 23 juin 1956), le **Conseil du contentieux administratif,** qui avait compétence pour juger les services de l'État, a vu celle-ci étendue aux comptes locaux. De nombreux conflits sont ainsi apparus dans les rapports du Conseil avec les élus locaux qui n'admettaient pas l'immixtion du Conseil d'État (français) dans les affaires locales, surtout en matière électorale.

3. La justice traditionnelle

La **justice traditionnelle** était rendue par les tribunaux dits coutumiers dont les compétences se limitaient essentiellement à l'état des personnes. On ne les installait que dans les localités où il était possible de trouver des notabilités qui avaient une certaine audience personnelle. On distinguait deux types de tribunaux coutumiers : le tribunal de premier degré et le tribunal de deuxième degré. Chacune de ces catégories de juridiction était présidée par un administrateur des colonies assisté de deux assesseurs représentant les coutumes.

Les **tribunaux de premier degré** avaient pour compétence les petites affaires et les **tribunaux de deuxième degré** jugeaient les affaires importantes. Dans chaque territoire existait un tribunal supérieur de droit local qui jugeait en appel. La chambre d'annulation de la cour d'appel rece-

---

[9] Le Conseil du contentieux administratif relevait du Conseil d'État français.

vait les pourvois en annulation dans les mêmes conditions que la Cour de cassation en France.

De nombreuses critiques ont été formulées à l'encontre des tribunaux coutumiers relativement à la coexistence du magistrat, de l'administrateur et du notable africain, « chacun, en rendant la justice, avait des préoccupations différentes : *« Le magistrat avait le souci du droit, l'administrateur de l'ordre public et de l'équité, le notable africain des traditions »*[10].

*

* *

La très longue évolution de la **justice** depuis la nuit des temps, a laissé une impression d'empirisme et d'incohérence. Elle a cependant engendré l'idée abstraite de **justice**, vertu cardinale, de **justice** mission première confiée par Dieu aux chefs de communauté. C'est autour de cette idée que se sont opérés les changements fondamentaux au début du XIXe siècle qui ont conduit à la reconnaissance du rôle de la justice en tant que service public. Mais dans la pratique, les changements intervenus après les bouleversements opérés par les révolutionnaires de 1789 ont vidé de son sens originel le rôle de la **justice** considérée désormais comme la simple application du droit. Il ne s'agit plus de la **justice** qui exprimait autrefois le fondement du pouvoir politique, mais d'une justice distributrice parfaitement valable sur le plan de la police, mais qui n'est plus la **justice** connue jusqu'ici. C'est cette forme de justice qui a été transposée au Sénégal pendant la longue nuit coloniale jusqu'à l'avènement de l'indépendance nationale.

---

[10] F. Luchaire, « Le problème de la justice dans la communauté », dans l'ouvrage collectif *La justice*, Paris, PUF, 1961, P 408.

II. L'évolution de l'institution judiciaire : depuis l'accession du pays à l'indépendance nationale

Le Sénégal a entrepris, dès son accession à l'indépendance nationale, en 1960, de repenser entièrement son dispositif judiciaire. Il s'était agi à l'époque de réaliser un système judiciaire adapté aux réalités nationales, capable de garantir le respect du droit et des libertés publiques et individuelles. Mais, à la vérité, il s'était agi d'une transposition, dans une première étape, du modèle métropolitain (français) d'organisation judiciaire.

Première étape : la transposition du modèle métropolitain d'organisation judiciaire

La première réforme judiciaire qui a eu lieu au Sénégal, devenu État indépendant, a revêtu deux formes : d'une part, la suppression de toutes les instances judiciaires qui ont été mises en place par le système colonial français : ce sont principalement les juridictions coutumières autres que celles des cadis, les tribunaux de premier degré et de deuxième degré et le Conseil du contentieux administratif et, d'autre part, l'installation de nouvelles juridictions reprises sur le modèle de la métropole française. Le système judiciaire a connu par la suite de nombreux changements. Ces réformes comprenaient la création du Conseil supérieur de la magistrature, de la Haute Cour de justice et de la Cour suprême ainsi que les Cours et tribunaux. Parallèlement à la mise en place des nouvelles institutions judiciaires, une législation abondante était élaborée pour permettre un bon fonctionnement du système judiciaire : code pénal (loi 65-00 du 21 juillet 1965), code de procédure civile (décret 64-5 du 30 juillet 1964), code de procédure pénale (loi 65-01) du 2 juillet 1965). De nombreux autres textes sont publiés par la suite.

Deuxième étape : la rationalisation du dispositif judiciaire national : Réalisée par la loi 84-21 du 2 février 1984, la restructuration du dispositif judiciaire avait pour but de rapprocher la justice des justiciables. C'est ainsi qu'ont été créés : les tribunaux régionaux à la place des tribunaux de première instance, les tribunaux départementaux à la place des justices de paix, les cours d'appel dans trois autres régions en plus de celle de Dakar : Kaolack, Ziguinchor et Saint-Louis.

Troisième étape : la restructuration du dispositif judiciaire : Il est décidé la suppression de la Cour suprême et la création à la place de quatre juridictions : **le Conseil constitutionnel** : (loi organique 92-23 du 30 mai 1992 modifiée par la loi organique du 17 février 1992), **le Conseil d'État** : (loi organique 92-24 abrogée et remplacée par la loi 96-30 du 21 octobre 1996), **la Cour de cassation** : (loi organique 92-25 du 30 mai 1992) et **la Cour des comptes** (loi organique 92-70 modifiée par la loi organique du 17 février 1999 et la loi organique 2012-23 du 27 décembre 2012).

La Cour suprême ainsi dissoute sera recréée par la loi organique n° 2008-35 du 8 août 2008 qui consacre le regroupement de la Cour de cassation et du Conseil d'État. Les attributions dévolues à ce dernier sont reprises au sein de la chambre administrative de la nouvelle « Cour suprême ».

Les tribunaux ont été également restructurés : suppression des cours d'assises, institution des chambres criminelles et recréation des tribunaux de grande instance et tribunaux d'instance, à la place des tribunaux régionaux et départementaux. Cette dernière réforme entre naturellement dans le cadre des mesures édictées par le gouvernement sénégalais pour résoudre le problème posé par l'engorgement des tribunaux régionaux et les détentions préventives de longue durée. Ainsi, il sera possible de créer plusieurs tribunaux de grande instance dans une même région, au lieu du seul tribunal régional existant. Il en est de même des tribunaux d'instance dans les départements. La conséquence de la réforme est de voir disparaître la coïncidence entre le dispositif judiciaire et les circonscriptions territoriales, ce qui était essentiellement le but de la réforme judiciaire de 1984. Il faut signaler en passant que les chambres criminelles fonctionnent comme les anciennes cours d'assises à raison de quatre sessions par an, sans la présence des jurés désormais supprimés.

*

*   *

Les changements intervenus dans le domaine judiciaire depuis l'indépendance du Sénégal sont nombreux et répétitifs. Il y a même une certaine frénésie à réformer sans atteindre véritablement le but visé, c'est-à-dire une justice moderne, accessible pour tous. Il en résulte un certain malaise, voire des inquiétudes, en raison de l'instabilité perceptible à tous les niveaux du système judiciaire. Mais, à la vérité, le problème qui se pose est moins un problème de texte que de gouvernance du système judiciaire.

§II — Signification et portée du concept « gouvernance judiciaire »

Les développements qui précèdent montrent que la **justice** a revêtu dans l'histoire des formes multiples. Mais malgré le recul du temps, il n'existe pas encore de définition commune, unanimement acceptée de **la justice**. Un essai de définition s'impose par conséquent avant toute réflexion sur le concept de « **gouvernance judiciaire** ».

I. Essai de définition du mot « justice »

Dans le langage courant, **« justice »** désigne une notion morale, une valeur, une éthique, une vertu, un idéal. Le dictionnaire **Petit Robert** ne donne pas une définition précise de la **justice**. Il se borne à indiquer que c'est l'équité, l'impartialité, l'intégrité, la droiture, la conformité au droit positif. Le même dictionnaire cite, entre autres auteurs, Proudhon et Joubert : pour le premier, **la justice** est le respect de la dignité humaine ; pour le second, en revanche **la justice** est comme la liberté en action.

Ces différentes définitions n'éclairent guère sur la signification véritable de la **justice**. Il faut remonter très loin dans le passé pour être édifié sur le sens précis du mot « **justice** ». Parmi les auteurs les plus connus de l'époque, on cite généralement Ulpien et Cicéron.

- **Ulpien,** dont les propos ont été reproduits dans les « Fustitules » de Justinien, considère **la justice** comme une « volonté ferme et imperturbable, qui rend à chacun sa droiture ».

- **Cicéron :** pour lui, la **justice** est une « habitude », une position d'âme à donner à chacun ce qui lui est dû.

Les définitions proposées par **Ulpien** et **Cicéron** renferment la même idée : « rendre à chacun ce qui lui est dû, » qui résulte d'un effort de volonté ou qui découle d'une habitude ou d'une disposition.

Les auteurs chrétiens du **Moyen Âge**, en reprenant la formule de **Cicéron**, ont ajouté la réserve selon laquelle ce qui est dû à chacun ne doit pas porter atteinte à « l'utilité commune ». C'est cette « utilité commune » qui finalement s'est substituée, à travers l'antiquité et le Moyen Âge, à la « sagesse divine » de Salomon. Pour les anciens auteurs, la notion de justice devait être dépouillée de son fondement théocratique en laissant au juge la mission de rendre ses jugements dans le respect de cet « aequim » dont il reste le gardien.

Pour les juristes publicistes, la **justice** désigne non pas une seule, mais deux choses. Pour eux, il y a deux **justices** : il y a d'abord, un appareil d'organes de l'ordre juridique, un ensemble de corps d'individus qui portent l'appellation générique « cours », « tribunaux », « conseil ». On les appelle globalement « juridictions » ou « institutions judiciaires ». Le mot « **justice** » peut également signifier la tâche, la fonction que la « justice-appareil » est appelée à accomplir. Cette double signification de la **justice** apparaît dans de très nombreuses expressions : « la justice est saisie » « la justice s'est prononcée », « la justice est rendue », « comparaître en justice ».

Dans l'ensemble, la science juridique et politique ne donne pas de la **justice** une définition précise. Elle se borne à définir la **justice** par la conformité au droit. Les publicistes, à l'époque contemporaine, ont bien sûr approfondi la notion d'accès juridictionnel en cherchant à préciser la place et le rôle du juge dans l'État. Ils se désintéressent de la définition de la notion de **justice** considérant sans nul doute qu'une définition relève exclusivement de la morale et non du droit. Si on se reporte par exemple à Carré de Malberg, on trouve de longs développements sur le sens constitutionnel de la loi, mais rien sur le sens constitutionnel de la justice.

La pluralité des définitions de la **justice** a créé une très grande confusion sur le rôle et la place de l'institution judiciaire dans l'État. Alors qu'à l'origine, celle-ci revêtait une grande dignité et que son contenu évoquait la notion de « sagesse divine », lui conférant une grande valeur, la **justice** a été complètement vidée de sa substance depuis la Révolution française de 1789. Son rôle a été réduit à la stricte application du droit et son rang abaissé à un niveau subalterne de police. D'aucuns ont même parlé de simple

« autorité judiciaire ». On trouve l'expression dans la Constitution sénégalaise du 29 août 1960 et dans la Constitution française d'octobre 1958.

Dès son accession à la souveraineté internationale, la République du Sénégal a opté pour être un État démocratique, un État de droit soucieux de préserver et de garantir les droits et les libertés de la personne humaine. C'est dans ce cadre que toutes les constitutions que le pays a connues ont prévu l'existence d'un pouvoir judiciaire indépendant du pouvoir législatif et du **pouvoir exécutif**. Mais il est apparu avec le temps que la **justice** ne jouait pas toujours son rôle de rempart de la démocratie et de gardien des droits fondamentaux et des libertés. Parmi les nombreuses critiques qui ont été formulées à l'endroit du **pouvoir judiciaire**, on peut citer, entre autres, les détentions préventives sans jugement, l'encombrement des prisons, le coût excessif des procédures judiciaires, l'inadaptation de l'appareil judiciaire aux réalités nationales et locales. Il y a également les dérives et les dysfonctionnements préjudiciables à l'image de la **justice.** Le concept de **gouvernance judiciaire** est né pour endiguer le phénomène du dépérissement de la **justice** et répondre aux besoins fondamentaux d'une **justice** moderne et efficiente.

II. L'émergence du concept « gouvernance judiciaire »

Le concept de **gouvernance** est relativement nouveau. Ce sont les institutions de Bretton Wood qui l'ont préconisé dans les années 80-90 pour promouvoir une gestion performante des affaires publiques. Il s'agit de promouvoir la bonne gouvernance dans tous les secteurs de la vie nationale, en retenant comme nécessaires les qualités de compétence, de dialogue, de transparence, de légalité, de rationalité et d'efficacité.

Le concept de « **bonne gouvernance** » s'applique à tous les niveaux de l'État : gouvernement, administrations publiques, collectivités locales, secteur public et parapublic. Il conduit à un changement qualitatif des comportements et des mentalités. Il ne s'agit donc pas, comme d'aucuns l'ont soutenu, d'un simple label, mais bien un engagement de l'État et de la nation à œuvrer ensemble pour changer le cours des choses. Sa pratique est donc essentielle pour tout gouvernement désireux de réaliser des progrès réels dans le fonctionnent des structures publiques et parapubliques. Il s'agit de développer des techniques de management basées essentiellement sur le dialogue, le partenariat et la participation citoyenne.

Il est évident que la promotion du concept « **bonne gouvernance** » à tous les échelons de la pyramide judiciaire s'impose nécessairement. Il faut concevoir et développer de nouveaux mécanismes de coordination, de concertation et de valorisation des capacités des acteurs du champ de la **justice**. Dans le même temps, il s'avère nécessaire de moderniser et de renforcer les infrastructures destinées à la **justice** avec, naturellement, une rationalisation de leurs implantations territoriales. Le combat pour la promotion d'une **justice** moderne et efficiente exige la conception de nouveaux modèles qui intègrent les dimensions institutionnelle, technique et politique de la justice.

PREMIÈRE PARTIE

LA DIMENSION INSTITUTIONNELLE DE LA JUSTICE

L'histoire enseigne que la **justice** a revêtu à travers les âges une signification morale et juridique :

- **sur le plan moral**, la **justice** a signifié « vertu », « valeur éthique », « idéal », « exigence de conscience » ;

- **sur le plan juridique**, deux acceptions du mot « **justice** » ont prévalu. La **justice** est, d'abord, un ensemble d'organes d'institutions, un regroupement de corps ou de personnes dénommé « les cours et tribunaux », les « juridictions », les « institutions juridictionnelles ». On parle ainsi de *« la justice est saisie », « la justice a statué », « être renvoyé devant la justice »*. C'est **la justice-institutions**. Le mot **« justice »** est également utilisé dans le sens de fonction assumée par les juridictions. On parle ainsi de **« justice est faite »**. Le mot justice signifie alors activité menée par les tribunaux.

Il existe ainsi sur le plan juridique deux notions de justice : la **justice-institutions** et la **justice-fonctions**. Les deux expressions sont totalement distinctes. Elles sont cependant étroitement liées. Elles sont nécessaires l'une à l'autre. Il peut cependant exister une rupture entre elles. C'est le cas notamment de la **justice gracieuse** qui signifie homologation, autorisation, décision de grâces.

L'approche institutionnelle de la justice intègre les notions de **justice-institutions**, de **justice-fonctions**. Il s'agit d'une approche dont le but est de faire une analyse globale du système judiciaire, de ses bases et fonctions constitutionnelles. Elle constitue ainsi un axe de réflexion pertinent.

CHAPITRE 1

LES BASES CONSTITUTIONNELLES DU POUVOIR JUDICIAIRE

L'existence d'un **pouvoir judiciaire** indépendant est mentionnée pour la première fois dans la Constitution sénégalaise du 7 mars 1963. Les constitutions précédentes parlaient plutôt « d'autorité judiciaire ». L'expression « pouvoir judiciaire » et « autorité judiciaire » recouvre cependant les mêmes réalités. À la vérité il s'agit d'une simple question de terminologie. L'éminent professeur **Seydou Madany Sy**[11], ancien doyen de la Faculté de Droit et ancien recteur de l'Université de Dakar, a tenté de donner l'explication de ce changement de terminologie. Il avance deux arguments : **en premier lieu**, le changement de terminologie intervenu en 1963 résulte de la volonté du président Léopold Sédar Senghor, premier chef de l'État du Sénégal indépendant, de renforcer le prestige et l'autorité des **cours et tribunaux** par la création d'un véritable **pouvoir judiciaire** apte à servir de garantie à chacun des pouvoirs, législatif et exécutif, contre les abus et empiétements toujours possibles d'un des pouvoirs à l'encontre de l'autre. **La seconde explication** avancée par le professeur Sy réside dans le caractère libéral du régime sénégalais. Pour le professeur Sy, *« l'insistance mise par la constitution à proclamer en détail les libertés publiques et les droits fondamentaux des citoyens ne servirait à rien si un corps de magistrats indé-*

[11] Seydou Madany Sy, *Les régimes politiques sénégalais de l'indépendance à l'alternance politique*, 1960-2008, Paris, IROCO, Karthala, Crepos, 2011.

pendants ne pouvait défendre, le cas échéant, les individus contre d'éventuelles violations par les pouvoirs publics de leurs droits et libertés »[12]. Le pouvoir judiciaire se trouve ainsi investi de fonctions déterminantes dans le fonctionnement de l'État.

SECTION 1 : LES FONCTIONS CONSTITUTIONNELLES DU POUVOIR JUDICIAIRE

L'institution d'un véritable **pouvoir judiciaire** marque sans nul doute l'affirmation primordiale du pouvoir de juger, transformé, à travers une longue évolution historique, en **pouvoir de gouverner**. La **justice** est ainsi devenue la fonction première de l'État. Elle s'intéresse non seulement à l'individu dans ses droits et libertés et dans sa participation à l'exercice de la fonction de justice, mais également à l'Etat dans ses structures et dans son fonctionnement. Le **pouvoir judiciaire** assure en effet trois fonctions fondamentales : pouvoir de régulation du système constitutionnel, pouvoir de protection des droits et libertés des citoyens et pouvoir de garant de la sécurité juridique.

§I — Le pouvoir judiciaire, organe régulateur du système constitutionnel

Bien avant que Montesquieu ait formulé sa trilogie des pouvoirs équilibrants, l'Anglais Edouard Coke fut le premier à développer, au XVIIe siècle, une théorie du pouvoir judiciaire, organe régulateur des pouvoirs législatif et exécutif. Cette théorie a été confirmée au XVIIIe siècle par les délégués américains à la convention de Philadelphie. Selon Alexander Hamilton et John Adams, leaders du camp conservateur, la meilleure protection contre les abus des majo-

[12] Seydou Madany Sy, *op.cit.*

rités élues était un corps judiciaire indépendant, gardien des principes fondamentaux de la constitution et de sa philosophie politique. En créant **un pouvoir judiciaire** indépendant des pouvoirs législatif et exécutif, le Sénégal a semblé avoir été inspiré par les constituants américains. Deux hautes juridictions ont été créées à cet effet : le Conseil constitutionnel et la Cour suprême.

- **le Conseil constitutionnel** : il est chargé principalement de trancher les litiges pouvant subvenir entre le pouvoir législatif et le pouvoir exécutif quant à l'exercice et à l'interprétation des attributions constitutionnelles de chacun de ces pouvoirs. **Le Conseil constitutionnel** connaît aux termes de l'article 92 de la constitution, du contrôle de la constitutionnalité des lois, du règlement intérieur de l'Assemblée nationale et des engagements internationaux ainsi que des conflits de compétence entre l'exécutif et le législatif.

- **La Cour suprême** : elle est orientée davantage vers le contrôle de la légalité des actes des autorités administratives et de la régularité et de la légalité des jugements et arrêts des cours et tribunaux.

Il est évident que dans la pratique, les choses ne sont pas aussi simples. Certes, le **Conseil constitutionnel** n'hésite pas à censurer des lois votées par le Parlement, il n'en demeure pas moins que le contrôle de la constitutionnalité des lois par un organe technique indépendant ne correspond pas à la tradition bien établie de la primauté de la loi sur tous les autres organes.

§II — Le pouvoir judiciaire, gardien des libertés et des droits individuels

Depuis les temps anciens, la **justice** a toujours eu pour vocation primordiale la défense de l'individu face aux abus des autorités publiques. À l'origine, le système était simple, solidement construit autour de la personne royale. Malgré les outrages du temps, le système a pu résister. Il n'a cessé d'exister qu'avec l'avènement de la Révolution française de 1789. Depuis lors, plusieurs réformes sont intervenues pour donner une configuration moderne à l'organisation judiciaire.

Héritière des traditions judiciaires françaises, la **justice** sénégalaise a maintenu la même répartition des compétences entre les différents pouvoirs d'État. Aux termes de l'article 91 de la Constitution sénégalaise du 7 janvier 2001, « **le pouvoir judiciaire** est gardien des droits et libertés définis par la constitution et la loi ». L'article 8 de la même constitution énumère de manière très détaillée toutes les libertés et droits fondamentaux dont le **pouvoir judiciaire** assure la protection.

Ainsi, les **cours et tribunaux de l'ordre judiciaire** connaissent les litiges mettant en jeu une question de droit civil et de droit pénal. Ils font appel à des normes juridiques inscrites dans le Code civil, dans le Code commercial, le Code du travail et le Code de la sécurité sociale. Il faut ajouter à cette liste les règles édictées par le code de procédure civile ainsi que les lois contenant des dispositions procédurales spéciales. Dans le domaine spécifique du droit pénal, il existe le code de procédure pénale que les tribunaux judiciaires ont la mission d'appliquer.

À côté de la justice civile et pénale, la justice administrative contribue également à maintenir une harmonie entre l'individu et la société en empêchant celle-ci d'abuser de sa situation. Dans tous les cas de figure, la **justice** poursuit le même but de maintien de l'équité et de l'harmonie dans les rapports entre particuliers et l'État dans toutes ses dimensions.

§III — Le pouvoir judiciaire, garant de la sécurité juridique

Par les arrêts et les jugements rendus par les cours et les tribunaux, le **pouvoir judiciaire** assure non seulement l'application des lois et règlements, mais contribue également, à la sécurisation des situations juridiques, partant, au maintien et au renforcement de l'État de droit. **Le pouvoir judiciaire** apparaît aussi comme créateur de droit. Selon une tradition héritée de l'ancienne métropole (française), le juge peut en effet, dans l'exercice de ses fonctions, écarter la loi formelle pour chercher à découvrir le droit dans ses diverses manifestations en instituant ce qu'on appelle couramment la **jurisprudence.**

Le terme « **jurisprudence** » revêt deux acceptions : c'est d'abord l'ensemble des décisions de justice rendues sur une question juridique donnée. De telles décisions peuvent provenir des hautes cours nationales ou des juridictions de rang inférieur. Le mot « **jurisprudence** » peut aussi signifier une ou plusieurs décisions prises par un juge relativement à une question juridique déterminée. En d'autres termes, **la jurisprudence** est constituée des décisions des cours et tribunaux prises de manière habituelle en cas d'absence de pouvoir normatif sur une question donnée.

L'intérêt que revêt la **jurisprudence** est fonction des systèmes juridiques des pays. Dans les pays anglo-saxons, **la jurisprudence** lie le juge. Dans les pays de tradition romaine, en revanche, l'intérêt de la **jurisprudence** est moins important. En France, par exemple, la décision d'un juge ne peut régler le sort d'une question juridique de manière générale et définitive. La décision du juge ne s'applique en effet qu'à l'affaire en cause. C'est ainsi qu'une décision de la Cour de cassation ne peut s'imposer aux cours d'appel et aux tribunaux appelés à statuer sur des questions identiques. Il reste cependant que la haute juridiction cherche toujours à uniformiser les règles de droit applicables afin d'éviter la disparité des décisions de justice prises par les juridictions de rang inférieur. L'existence d'une **jurisprudence** constante peut aboutir à la création d'un véritable droit constitué par ce qu'on appelle **les principes généraux de droit**. Il s'agit *essentiellement « du résultat d'une opération de généralisation et d'induction que le juge a réalisée à partir de textes qui ont été l'œuvre du législateur »*[13].

Le **principe général de droit** sert ainsi *« à déterminer le sens de la loi, non seulement chaque fois que le silence de celle-ci le permet, mais plus exactement, chaque fois que les énonciations de cette dernière ne l'interdisent pas »*[14]. Il en résulte la garantie que le droit jurisprudentiel revêt la même force que la disposition législative référenciée.

SECTION 2 : LES GARANTIES CONSTITUTIONNELLES DU POUVOIR JUDICIAIRE

L'affirmation de la constitution selon laquelle *« les juges ne sont soumis qu'à l'autorité de la loi dans l'exercice de leurs fonctions »* est la marque caractéristique de l'indépendance du pouvoir judiciaire par rapport au pouvoir législatif et au pouvoir exécutif. Sur cette question fondamentale, les idées ont cependant profondément évolué depuis la nuit des temps.

À l'origine, la **justice** était considérée comme la première fonction de l'État. L'autorité souveraine ou le chef de la communauté était chargé de régler les besoins de justice en départageant les intérêts des membres de la communauté. Il était ainsi considéré comme le premier des juges. Cette conception a prévalu aussi bien dans la société antique que

---

13 Georges Berlia, *La France et le gouvernement des juges*, dans l'œuvre collective « La justice », PUF, Paris, 1961, p. 142.

14 Georges Berlia, *op cit* p. 144.

dans la société féodale où le seigneur avait comme première fonction « *de rendre la justice* ». On l'appelait aussi *« le seigneur haut-justicier »*. L'avènement de la royauté a entraîné le transfert au roi de la charge de « *rendre justice* ». L'expression *« toute justice émane du roi »* revêtait ainsi toute sa signification. L'histoire de cette époque nous enseigne que le roi Saint Louis jugeait lui-même les procès sous le chêne de Vincennes.

C'est au XVIIIe siècle que l'idée de séparation des pouvoirs a commencé à se répandre et à prendre corps avec l'affirmation du principe *« la Cour rend des arrêts et non des services »*. Les juges sont ainsi devenus indépendants du pouvoir exécutif. Celui-ci est désormais considéré comme le serviteur de la justice, c'est-à-dire chargé de l'aider en se mettant au service des décisions de justice.

Il est aujourd'hui admis, dans tous les pays qui se réclament de la démocratie universelle, que la **magistrature** doit être indépendante du pouvoir exécutif et que cette indépendance, pour être réelle, doit s'appuyer sur des garanties constitutionnelles solides concernant à la fois l'organe judiciaire collectif ainsi que les personnels chargés d'exercer la fonction de juge.

§I — Les garanties d'indépendance de la magistrature

L'idée de garanties permettant de mettre la **magistrature** hors des atteintes des pouvoirs publics est à la base des mesures édictées par la constitution et les lois organiques relatives à la création du Conseil supérieur de la magistrature et du Conseil supérieur de la Cour des comptes, et à l'élaboration et la mise en œuvre d'une abondante législation destinée au renforcement de l'indépendance de la justice[15].

§II — Les garanties statutaires des magistrats

L'exigence d'une bonne **justice** requiert la disponibilité de personnes qualifiées ayant le statut de magistrats chargés de trancher, soit seuls, soit en collège, les affaires litigieuses confiées à l'instance judiciaire. La solution juridictionnelle qui en résulte doit échapper à toutes modifications de la part des autorités politiques. Le problème qui se pose dès lors est de concevoir un type de garanties pouvant préserver en toutes circonstances l'indépendance du magistrat. La République du Sénégal a opté dans ce cadre pour deux mesures essentielles : l'inamovibilité du magistrat du siège et l'inviolabilité de la personne des magistrats.

I. L'inamovibilité des magistrats

Aux termes de la constitution (article 90 alinéa 2) *« les magistrats du siège sont inamovibles »*. Ce principe, qui a été repris dans toutes les constitutions que le Sénégal indépendant a connues, signifie que le magistrat du siège[16] ne peut faire l'objet d'un changement d'affectation ou d'une mutation quelconque sans son consentement.

Le problème de **l'inamovibilité des magistrats** du siège n'est pas une question nouvelle. Elle est régulièrement débattue par la doctrine et dans les cercles sociaux depuis les temps anciens. Cette question ne concerne bien entendu que les magistrats chargés de prendre des décisions juridictionnelles. Elle n'intéresse donc pas les magistrats qui ne jugent

---

15 Cette législation comprend les lois organiques relatives au statut des magistrats, à l'organisation judiciaire, au Conseil constitutionnel, à la Cour suprême, à la Haute Cour de justice et à la Cour des comptes.

16 À distinguer du magistrat du parquet qui, lui, est soumis à l'autorité du garde de Sceaux, ministre de la Justice.

pas, c'est-à-dire les magistrats appartenant au ministère public ou parquet.

L'inamovibilité est une garantie personnelle du juge contre les empiétements ou les interventions directes ou indirectes du pouvoir politique sur l'exercice des fonctions judiciaires. Il est le symbole de l'indépendance de cette catégorie de magistrats. Elle assure son indépendance fonctionnelle, c'est-à-dire sa soumission à la seule *« autorité de la loi »* qu'il est chargé d'interpréter. Ainsi le juge n'a rien à craindre pour lui ni pour sa carrière. Il reste entendu qu'au Sénégal comme dans de très nombreux pays, la nomination des juges par le président de la République ne pose pas véritablement de problème, étant soumise à des conditions de garanties acceptées par tous[17]. La formule retenue pour les avancements des magistrats sur présentation du Conseil supérieur de la magistrature ne porte pas également atteinte à leur indépendance. Il convient de retenir, par ailleurs, que l'**inamovibilité** ne signifie pas maintien en fonction pour la durée de la vie. Non seulement le magistrat doit aller à la retraite à l'âge de 65 ans, conformément aux règles fixées par le statut général des magistrats, mais il peut aussi faire l'objet de sanction de révocation en cas de manquements graves dans l'exercice de ses fonctions. Il appartient dans ce cas au Conseil supérieur de la magistrature de conduire la procédure disciplinaire par son conseil de discipline et de prendre les sanctions disciplinaires qu'il juge adéquates.

Pour assurer l'indépendance du juge, il est évident que l'inamovibilité ne suffit pas. Il faut nécessairement assurer aux magistrats des garanties contre les voies de fait et les arrestations arbitraires. L'inviolabilité du magistrat a été organisée dans ce sens.

---

[17] Elle est faite sur la base de critères définis par le statut de la magistrature.

II. L'inviolabilité du magistrat

L'article 93 de la Constitution dispose que *« sauf en cas de flagrant délit, les membres du Conseil constitutionnel ne peuvent être poursuivis, arrêtés, détenus ou jugés en matière pénale qu'avec l'autorisation du Conseil et dans les mêmes conditions que les membres de la Cour suprême et de la Cour des comptes ».* Le même article précise en outre que « sauf en cas de flagrant délit, les membres de la Cour suprême et de la Cour des comptes ne peuvent être poursuivis, arrêtés, détenus ou jugés en matière pénale que dans les conditions prévues par la loi organique portant statut des magistrats ». L'article 14 de la loi organique n° 92-27 du 30 mai 1992 portant statut des magistrats détermine les conditions dans lesquelles les magistrats peuvent être poursuivis tant en matière criminelle qu'en matière correctionnelle. Dans les deux cas, les fonctions dévolues au procureur général prés la cour d'appel et au premier président de cette cour par les articles 661 et 662 du code de procédure pénale sont assurées par le procureur général prés la Cour suprême et par le premier président de la Cour suprême ou par leurs délégués choisis parmi les membres de la Cour suprême. En ce qui concerne le traitement des affaires, les tâches sont ainsi réparties :

- **en matière correctionnelle** : c'est la première chambre de la Cour suprême qui statue ;

- **en matière criminelle** : la mise en accusation est faite par la première chambre qui renvoie devant les chambres réunies pour le jugement. Les coauteurs et les complices sont renvoyés devant les mêmes formations.

De l'analyse qui vient d'être faite des bases juridiques du **pouvoir judiciaire,** il résulte que celui-ci occupe une place charnière dans le dispositif étatique. Son rôle est fondamental dans le fonctionnement du système institutionnel. Il est dès lors nécessaire que son indépendance soit assurée par des garanties constitutionnelles tant sur le plan de son organisation que de son fonctionnement.

CHAPITRE 2

L'ORGANISATION PYRAMIDALE DU SYSTÈME JUDICIAIRE

L'organisation judiciaire sénégalaise est caractérisée par sa très grande complexité et par l'extrême diversité des structures et organismes qui la composent. Elle est à l'image de la société cosmopolite qu'elle incarne et de son évolution historique à travers les âges depuis l'antiquité. Elle renferme ainsi les vestiges de la théorie de Montesquieu de la séparation des pouvoirs et les aspirations légitimes d'un Etat nouvellement indépendant.

Le **pouvoir judiciaire** est constitutionnellement indépendant du pouvoir législatif et du pouvoir exécutif. Mais, à la vérité, cette indépendance n'est pas à l'avantage du **pouvoir judiciaire**. Plusieurs faits illustrent une telle assertion. Il y a **tout d'abord** que l'organisation judiciaire est déterminée par la loi, c'est-à-dire par le pouvoir législatif qui fixe également le statut des magistrats. Il **y a ensuite** l'interdiction faite aux juges de décider ou de traiter des affaires relevant de la compétence du pouvoir législatif. Les tribunaux ne peuvent en effet apprécier la constitutionnalité d'une loi, domaine réservé exclusivement au Conseil constitutionnel, juridiction spécifique. En ce qui concerne les rapports avec le pouvoir exécutif, il n'est pas inutile de rappeler que c'est le président de la République qui nomme les magistrats et définit les modalités d'évolution de leurs carrières. Il convient de mentionner par ailleurs que les juges ne peuvent statuer que sur des cas particuliers. Ils ne peuvent ainsi prendre des décisions de portée générale ni se saisir directement de questions relevant de leur compétence. Ils doivent toujours être saisis, soit par le ministère public (parquet), soit par les parties prenantes au procès. C'est compte tenu de toutes ces contraintes que le schéma organisationnel de la justice sénégalaise a été élaboré et mis en œuvre à partir du modèle français. Il donne l'image d'une institution du type classique qui intègre des institutions d'ordre politique, juridictionnel et consultatif.

SECTION 1 : LES ORGANES À CARACTÈRE POLITIQUE

La fonction judiciaire, présentée dans sa globalité, implique nécessairement l'État dans ses structures, dans son organisation et dans son fonctionnement. C'est l'autorité souveraine étatique qui assure la responsabilité d'établir l'ordre juridique. Cet ordre n'est pas seulement l'établissement des règles de droit, mais comprend également toutes les activités permettant la réalisation de celui-là. L'ordre et l'action politique s'entremêlent ainsi et constituent la politique du gouvernement. Il en résulte que la justice est un élément essentiel de la politique de la nation, incarnée par le président de la République et son gouvernement.

§I — Le président de la République

Le président de la République est la clé de voûte du système judiciaire. Successeur des anciens rois et souverains, il est le premier magistrat de la République. Aux termes de la Constitution du 7 janvier 2001, **le président de la République** est le gardien de la Constitution. Il incarne l'unité nationale. Il est garant du fonctionnement des institutions, de l'indépendance nationale et de l'intégrité du territoire national. Garant et gérant de l'État, le **président de la République** détermine la politique de la nation. Il lui appartient à ce titre de définir les grandes orientations en matière de politique pénale et d'organisation du système judiciaire. Il assure la nomination des magistrats. Il préside le Conseil supérieur de la magistrature et le Conseil supérieur de la Cour des comptes. Il dispose du droit de grâce. À vrai dire, le droit de grâce n'est pas un acte de justice. Il est présenté comme un acte de miséricorde, une mesure de bienveillance. Il est un vestige de la justice retenue, héritée des anciens souverains et rois. L'acte de grâce consiste en une remise de peine totale ou partielle. Le droit de grâce peut être exercé à l'égard de n'importe quel condamné. Les décisions relatives au droit de grâce sont préparées par les services du garde des Sceaux, ministre de la Justice.

§II — Le garde des Sceaux, ministre de la Justice

L'existence, au Sénégal, d'un garde des Sceaux, ministre de la Justice remonte à l'indépendance du pays. Elle s'est matérialisée lors de la mise en place du premier gouvernement du Sénégal indépendant par le décret 60-176 du 26 juillet 1960 qui a été modifié à plusieurs reprises, la dernière modification en date est le décret 2007-554 du 30 avril 2007.

Le titre de **garde des Sceaux,** ministre de la Justice est une survivance historique. Au moment de la royauté en France, il existait un personnage qui assurait auprès de la couronne la charge consistant à garder les sceaux royaux, c'est-à-dire les cachets destinés à authentifier les documents signés par le roi. Cette charge a été par la suite transférée au ministre chargé de la justice.

La mission principale du garde des Sceaux est aujourd'hui de conduire, sous l'autorité du premier ministre, la politique de la nation en matière judiciaire. Pour lui permettre d'assurer cette mission, de très nombreux services ont été créés depuis lors. Il s'agit notamment du secrétariat général chargé de coordonner l'ensemble des directions et services du ministère, de la direction des affaires civiles et du sceau, de la direction des affaires criminelles et des grâces, de la direction des services judiciaires, de la direction de l'éducation surveillée et de la protection sociale, de la direction de l'administration pénitentiaire, de la direction des constructions et des équipements des palais de justice, de la direction de l'administration générale et de l'équipement.

Cette liste, qui n'est certainement pas exhaustive, montre l'importance des services de l'État relevant actuellement du département de la justice. Faut-il réduire le nombre des services qui, à première vue, semble pléthorique ou plutôt opérer une structuration plus rationnelle ? D'aucuns sont même allés à contre-courant en demandant, dans le cadre du renforcement de l'indépendance du pouvoir judiciaire, la suppression pure et simple du département de la justice. Mais, à la vérité, une telle orientation ne peut prospérer, car la justice, étant une mission fondamentale de l'État, ne peut s'exercer en dehors de l'action et sous l'égide du gouvernement.

§III — Le ministre de l'Économie et des Finances

Le ministère de l'Économie et des Finances joue un rôle particulièrement important en matière judiciaire. Ce rôle peut être apprécié à plusieurs niveaux : membre du gouvernement, il participe à l'élaboration et à l'exécution de la politique de la nation définie par le président de la République. Chef du département de l'économie et des finances, il dispose de plusieurs services (douanes, domaines, agences, inspection générale des finances) qui concourent à l'exercice de la justice. Il existe également au sein du ministère de l'Économie et des Finances une structure très ancienne appelée **agence judiciaire de l'État**. Les attributions de cette agence sont très étendues en matière judiciaire. L'agence est notamment habilitée à déposer plainte auprès des parquets pour les infractions commises au préjudice de l'État dans le domaine de détournements de deniers publics. Elle assure le suivi des procès. Elle oriente la défense et décide de l'opportunité de l'exercice des voies de recours. Elle peut proposer à la partie adverse toutes transactions qu'elle juge nécessaires. Elle peut également recevoir un mandat spécial de toutes les administrations ou de toutes personnes publiques ou parapubliques ou des collectivités locales pour les représenter dans les instances juridictionnelles.

SECTION 2 :
LES ORGANES À CARACTÈRE JURIDICTIONNEL

L'organisation judiciaire constituée au Sénégal au lendemain de l'indépendance nationale en 1960 reposait essentiellement sur l'existence d'une Cour suprême, d'une cour d'appel et des tribunaux répartis sur l'ensemble du territoire national[18]. La **Cour suprême** connaissait de toutes les affaires civiles, commerciales et administratives. Elle exerçait toutes les fonctions qui, en France, étaient dévolues au Conseil constitutionnel, au Conseil d'État, à la Cour de cassation et à la Cour des comptes. Cette formule de cour multifonctionnelle a existé jusqu'en 1992, date à laquelle furent créés à la place de la Cour suprême le Conseil constitutionnel, le Conseil d'Etat, la Cour de cassation et la Cour des comptes. Recréée par la loi organique n° 2008-35 du 8 août 2008, la Cour suprême ne regroupe désormais que le Conseil d'État et la Cour de cassation. Le système judiciaire sénégalais comprend ainsi quatre types d'organes : une juridiction constitutionnelle : le Conseil constitutionnel, une juridiction politique : la Haute Cour de justice, une juridiction judiciaire : la Cour suprême, les cours et tribunaux et une juridiction financière : la Cour des comptes.

---

[18] Ordonnance 60-56 du 14 novembre 1960.

§I — La juridiction constitutionnelle : le Conseil constitutionnel

L'institution d'un **Conseil constitutionnel,** chargé du contrôle de la constitutionnalité des lois et de la régularité des élections, est une reprise du modèle français, élaboré en 1958. Elle s'inscrit dans la perspective générale d'un renforcement des institutions du jeune État indépendant du Sénégal.

I. Compétences du Conseil constitutionnel

Les compétences dévolues au Conseil constitutionnel par la Constitution revêtent trois dimensions. Il est, à la fois, juridiction constitutionnelle, juridiction électorale et organe constitutionnel consultatif.

A. Le Conseil constitutionnel, juridiction chargée du contrôle de la constitutionnalité des lois

Cette attribution du Conseil constitutionnel est certainement la plus importante. C'est de ce point de vue que le citoyen se place généralement pour porter un jugement sur la haute juridiction. Deux cas peuvent se présenter :

Premier cas : le Conseil constitutionnel veille à la constitutionnalité des lois organiques. C'est ainsi qu'il est obligatoirement saisi pour se prononcer sur la conformité à la Constitution de toutes les lois organiques[19]. La saisine du Conseil est faite[20] avant toute promulgation des lois organiques votées par le Parlement. On retiendra que le contrôle de conformité ou de non-conformité permet au Conseil constitutionnel de se prononcer sur les dispositions destinées à compléter la Constitution. Dans ce cadre, il s'agit davantage d'un contrôle de compatibilité que d'un véritable contrôle de conformité.

---

[19] Alors qu'en France, le règlement intérieur de l'assemblée est une loi ordinaire, le Sénégal a opté pour la loi organique.

[20] Par le président de la République.

Deuxième cas : pour les lois ordinaires, le recours devant le Conseil constitutionnel, pour déclarer une loi non conforme à la Constitution, peut être introduit par le président de la République, dans les six jours qui suivent la transmission à lui faite de la loi définitivement adoptée. Le Conseil constitutionnel peut être également saisi par un nombre de députés égal au dixième des membres de l'Assemblée nationale. Dans les deux cas, le délai de promulgation est suspendu jusqu'à l'issue de la décision du Conseil constitutionnel déclarant la loi conforme ou non conforme à la Constitution.

B. Le Conseil constitutionnel, juridiction électorale

Les attributions du Conseil constitutionnel en matière électorale sont très étendues. Elles couvrent trois types d'opérations : contrôle des opérations référendaires, supervision des élections présidentielles et législatives, contrôle des élections législatives.

1. Le contrôle des opérations référendaires

Le **Conseil constitutionnel** est, d'abord, consulté par le président de la République lorsqu'il décide, seul ou sur proposition du Premier ministre, de soumettre au référendum tout projet de loi constitutionnelle ou tout projet de loi. Le **Conseil** est aussi impliqué dans toutes les phases des opérations référendaires : préparation, surveillance du recensement général des suffrages et de la proclamation des résultats. Le décret de promulgation de la loi référendaire doit même mentionner l'avis rendu à cet effet par le Conseil constitutionnel.

2. La supervision des élections présidentielles

Le **Conseil constitutionnel** supervise les élections présidentielles. Le contrôle qu'il exerce dans ce domaine s'étend à tous les stades du processus électoral. Il est chargé, notamment, de recevoir les candidatures et de veiller à la régularité des différentes opérations électorales. Il juge les contestations et proclame les résultats.

3. Le contrôle des élections législatives

Le contrôle des élections législatives par le **Conseil constitutionnel** est prévu par la Constitution et par le Code électoral. Le Conseil est juge du contentieux électoral. Il est chargé de la proclamation des résultats. On retiendra également que le Conseil constitutionnel est chargé du contrôle des incompatibilités parlementaires. C'est lui, en effet, qui est chargé de constater la déchéance d'un parlementaire dont l'inéligibilité s'est révélée après l'expiration du délai de recours. La saisine du Conseil, dans ce cas, est faite à la requête du président de l'Assemblée nationale.

C. Le Conseil constitutionnel, organe de consultation constitutionnelle

Indépendamment de ses fonctions de juridiction constitutionnelle et électorale, le **Conseil constitutionnel** est investi de nombreuses autres attributions à caractère consultatif ou déclaratoire. La Constitution définit, de manière précise, les différents cas concernés.

1. L a dissolution de l'Assemblée nationale

L'intervention du **Conseil constitutionnel** est destinée à constater le cas de force majeure lorsque la date des scrutins, fixée par le décret de dissolution de l'Assemblée nationale, doit être reportée.

2. L'empêchement du président de la République

Il revient au **Conseil constitutionnel** de constater que le président de la République est empêché de remplir ses fonctions constitutionnelles. Le Conseil est saisi par l'autorité appelée à assurer la suppléance. Il en est ainsi en cas de démission ou de décès.

3. La mise en œuvre de l'article 52 de la Constitution

Il s'agit de mesures à caractère exceptionnel décidées par le président de la République, conformément à l'article 52 de la Constitution.

4. La compatibilité des engagements internationaux avec la Constitution

Le **Conseil constitutionnel** peut être saisi pour apprécier la compatibilité d'un engagement international avec la Constitution. Si le **Conseil constitutionnel** déclare qu'un engagement international comporte une clause contraire à la constitution, l'autorisation de le ratifier ou de l'approuver ne peut intervenir qu'après la révision de la Constitution. Celle-ci ne précise pas cependant l'autorité habilitée à saisir le Conseil pour examiner la compatibilité de l'engagement international avec la Constitution. Nul doute que le président de la République est compétent pour le faire. Les parlementaires habilités à saisir le Conseil pour déclarer une loi inconstitutionnelle devraient pouvoir le faire également, en considérant que l'acte autorisant l'approbation ou la ratification est une loi véritable.

D. Le Conseil constitutionnel, organe régulateur des conflits de compétences entre les différentes institutions publiques

Le **Conseil constitutionnel** connaît des conflits de compétence entre l'exécutif et le législatif ainsi que les exceptions d'inconstitutionnalité soulevées devant la Cour suprême.

II. Fonctionnement du Conseil constitutionnel

Le **Conseil constitutionnel** est composé de cinq membres, dont un président et un vice-président[21]. Les membres sont nommés par le président de la République pour une durée de six ans non renouvelable. Le renouvellement se fait tous les deux ans à raison de deux membres au plus. Les membres du Conseil constitutionnel sont choisis parmi les magistrats, avocats, professeurs de droit ou fonctionnaires remplissant certaines conditions définies par la loi organique du 30 mai 1992 sur le Conseil constitutionnel.

Les membres du Conseil sont, durant leur mandat, inamovibles. Il ne peut être mis fin à leurs fonctions que sur leur demande ou pour incapacité physique, après avis conforme du Conseil. Les fonctions des membres du Conseil constitutionnel sont incompatibles avec la qualité de membre du gouvernement ou de cabinet ministériel, l'exercice d'un mandat électif, la qualité d'officier ministériel, d'auxiliaire de la justice et toute autre activité professionnelle privée. L'exercice de toute activité publique doit être autorisé par le Conseil. Avant d'entrer en fonction, le membre du Conseil constitutionnel prête serment, conformément aux dispositions de l'article 7 de la loi organique régissant le Conseil constitutionnel.

Le président **du Conseil constitutionnel** est chargé de l'administration du Conseil. Il gère les crédits de fonctionnement ainsi que le personnel mis à la disposition du Conseil. Il est assisté du secrétaire général du Conseil. Un règlement intérieur est établi par le Conseil pour définir les conditions de son fonctionnement.

---

[21] De 7 membres après le référendum du 20 mars 2016. Les 2 membres sont proposés par le président des Assemblées.

L'œuvre accomplie par le **Conseil constitutionnel**, depuis sa création en 1992, est particulièrement fournie. En tout état de cause, elle illustre les difficultés d'une tâche quasiment impossible dans un contexte de revendications et protestations permanentes. Mais malgré les critiques de tous bords, l'institution s'avère indispensable pour l'équilibre et le bon fonctionnement des institutions de la République.

§II — La juridiction politique : la Haute Cour de justice

L'histoire des sociétés, depuis l'antiquité, enseigne la nécessité d'une organisation, à côté des juridictions judiciaires, d'une juridiction spécialisée dans le jugement des hommes participant à l'exercice de l'autorité exécutive.

A. La justification d'une juridiction politique

L'institution d'une haute juridiction politique n'est pas une nouveauté dans les pays d'assise démocratique. Elle répond à l'exigence d'organiser, pour certaines infractions ou pour certaines catégories de personnes, une juridiction de nature spécifique. Il existe en effet des agissements qui, bien que dangereux pour les institutions publiques, ne tombent pas sous le coup du droit pénal commun. De tels agissements se singularisent par leur nature et par la qualité de leurs auteurs à l'égard desquels, compte tenu de leur qualité ou de leur rang dans la hiérarchie de l'État, les tribunaux ordinaires ne jouissent pas de l'indépendance et de l'autorité nécessaires. Généralement, c'est la Constitution elle-même qui détermine les conditions de fonctionnement de la juridiction politique. Dans les systèmes de démocratie représentative, la fonction de jugement est dévolue aux deux chambres. C'est ainsi qu'il existe, en Angleterre comme aux États-Unis, la procédure *« d'impeachment »*. Le système consiste à réserver la poursuite à la Chambre basse (Chambre des communes en Angleterre et Chambre des représentants aux États-Unis) et le jugement à la Chambre haute (Chambre des lords en Angleterre et Sénat aux États-Unis). En France, la Constitution de 1958 a mis un mécanisme différent. La poursuite revient aux deux Chambres (Chambre des députés et Sénat) qui doivent statuer par un vote identique au scrutin public. Le jugement est, en revanche, réservé à un organe spécial, appelé Cour de justice de la République.

B. La spécificité de la Haute Cour de justice

La Haute Cour de justice a été instituée au Sénégal dès le début de l'indépendance nationale. Elle est régie actuellement par le titre IX de la Constitution et la loi organique n° 2002-09 du 14 février 2002.

1. Compétence de la Haute Cour de justice

La Haute Cour de justice est compétente pour juger le président de la République en cas de haute trahison. La mise en accusation est décidée par l'Assemblée nationale, par vote au scrutin secret et à la majorité des trois cinquièmes des membres de l'Assemblée.

La compétence de la **Haute Cour de justice** s'étend également au Premier ministre et aux ministres[22], pénalement responsables des actes commis dans l'exercice de leurs fonctions et qualifiés de crimes et délits au moment où ils ont été commis. Elle est liée par la définition des crimes et délits telle que déterminée par le Code pénal.

2. Composition de la Haute Cour de justice

La **Haute Cour de justice** est présidée par le premier président de la Cour suprême. Elle comprend en outre huit juges titulaires et huit juges suppléants choisis parmi les

---

[22] Elle juge les complices lorsque les infractions relevées sont commises dans le cadre d'un complot contre la sûreté de l'État.

membres de l'assemblée. Les juges titulaires et les juges suppléants sont élus par l'Assemblée nationale à la majorité absolue des membres la composant. Il est procédé à leur remplacement dans les mêmes conditions. Ils prêtent serment dès leur élection. Le texte du serment est indiqué à l'article 3 de la loi organique sur la Haute Cour de justice

Le ministère public près la **Haute Cour de justice** est exercé par le procureur général près la Cour suprême, suppléé, au besoin, par le 1er avocat général près ladite juridiction en cas d'empêchement. Le greffier en chef est celui de la Cour suprême, suppléé par le greffier de la Chambre pénale de ladite Cour en cas d'empêchement. Il est créé, au sein de la **Haute Cour de justice**, une commission d'instruction présidée par le premier président de la cour d'appel de Dakar, suppléé, le cas échéant, par le Président de la Chambre d'accusation de ladite cour. Elle comprend en outre quatre titulaires et quatre suppléants désignés parmi les magistrats du siège de la cour d'appel de Dakar, par l'assemblée générale de ladite cour, hors de la présence des membres du parquet.

Les fonctions de membre de la Commission d'instruction et de membre du parquet sont gratuites. Leur exercice ne donne droit qu'à des remboursements de frais. Les crédits nécessaires au fonctionnement de la **Haute Cour** sont inscrits au budget général de l'État. Les indemnités allouées au greffier et au personnel mis à la disposition du président de la Haute Cour sont fixées par décret.

3. Procédure suivie devant la Haute Cour de justice

Trois phases sont à distinguer : l'accusation, l'instruction et le jugement.

La phase de mise en accusation : les personnes à traduire devant **la Haute Cour de justice** (président de la République, premier ministre et ministres) sont mises en accusation par une résolution de l'Assemblée nationale votée à la majorité des trois cinquièmes des membres composant cette Assemblée. La résolution porte les noms, prénoms et fonctions des accusés ainsi que l'énoncé des faits qui leur sont reprochés. Pour le premier ministre et les ministres, elle doit porter le visa des dispositions législatives en vertu desquelles est exercée la poursuite.

Les membres de l'Assemblée nationale désignés en qualité de juges à la **Haute Cour de justice** ne prennent part ni aux débats, ni au vote sur la mise en accusation. Une fois votée, la résolution est transmise, sans délai, par le président de l'Assemblée nationale au procureur général qui en accuse réception immédiatement.

La phase d'instruction : la phase de l'instruction débute avec la transmission, par le procureur général, de l'acte de mise en accusation au président de la **Haute Cour** et au président de la Commission d'instruction. **La Commission d'instruction** est convoquée, sans délai, par son président qui invite les accusés et inculpés à faire assurer leur défense par un avocat régulièrement inscrit ou par toute personne de leur choix. Le cas échéant et faute, par un accusé ou inculpé, de répondre à la convocation du président de la **Commission d'instruction**, il lui est désigné d'office un défenseur parmi les avocats inscrits.

Le président de la Commission d'instruction et la **Commission** peuvent entreprendre tous les actes d'instruction nécessaires. La **Commission** peut se faire assister d'un ou de plusieurs magistrats qui reçoivent de celle-ci des commissions rogatoires pour instruire une ou plusieurs affaires. Ces magistrats ont voix consultative. Lorsque la procédure d'instruction est terminée, la **Commission** ordonne, s'il y a lieu, le renvoi des accusés ou inculpés devant la Haute Cour de justice pour jugement.

La phase de jugement : l'ouverture de la phase de jugement est décidée par le président de la Haute Cour de justice sur requête du procureur général. Les accusés et inculpés reçoivent la signification, huit jours au plus tard avant leur comparution devant la Haute Cour, de l'acte de renvoi. Les débats à la **Haute Cour de justice** sont publics. Celle-ci peut cependant, et à titre exceptionnel, ordonner le huis clos. Les règles de procédure définies par le Code de procédure pénale concernant les débats et les jugements en matière correctionnelle sont applicables devant la **Haute Cour de justice** sous réserve des dispositions des articles 33 à 37 de la loi organique précitée. Il s'agit notamment de la procédure de prise de décision au moment du jugement, du vote à bulletin secret à la majorité absolue sur la question de savoir s'il y a ou non circonstances atténuantes, ainsi que du vote séparé pour chaque accusé, sur chaque chef d'accusation. Les arrêts de la **Haute Cour** ne sont susceptibles ni d'appel ni de pourvoi en cassation. La révision est cependant possible. Les règles de contumace sont applicables devant la Haute Cour. Les incidents de procédure relevés au cours des débats devant la Haute Cour peuvent, sur décision du président, être joints au fond.

Depuis son institution, en 1962, la **Haute Cour de justice** a subi plusieurs modifications. Elle a été d'abord régie par les dispositions de la loi organique 61-65 du 22 décembre 1961, puis par les dispositions des lois 63-01 et 63-03 du 4 janvier 1963. D'autres modifications sont également intervenues dans le sens du renforcement des droits de la défense et des garanties d'objectivité dans l'instruction et le jugement des affaires. C'est ainsi que les différents organes relatifs à l'instruction et au jugement sont présidés désormais par des magistrats de l'ordre judiciaire. La volonté est donc manifeste de rapprocher la **Haute Cour de justice** de la juridiction judiciaire.

§III — La juridiction judiciaire : la Cour suprême, les cours et tribunaux.

La Cour suprême, les **cours et tribunaux** constituent la juridiction judiciaire de droit commun. Ils sont chargés de toutes les affaires civiles, commerciales et pénales. Ils connaissent également des différends en matière de droit du travail et du contentieux administratif.

I. La Cour suprême

Placée au sommet de l'organisation judiciaire, la **Cour suprême** a été créée, pour la première fois, par l'ordonnance n° 60-17 du 3 septembre 1960. Elle a fonctionné jusqu'à la réforme du système judiciaire réalisée en 1992 par les lois organiques n° 92-23, n° 92-24 et n° 92-25 créant, respectivement, le Conseil constitutionnel, le Conseil d'État et la Cour de cassation. Les objectifs de cette réforme n'étant pas atteints, il s'est avéré nécessaire de regrouper à nouveau le Conseil d'État et la Cour de cassation sous l'appellation de Cour suprême.

II. Compétences de la Cour suprême

Les fonctions assignées à la Cour suprême sont de plusieurs ordres. Elle est :

- **juge de l'excès de pouvoir** des autorités administratives en premier et dernier ressort ;

- **juge du contentieux électoral** : inscription sur les listes électorales et contestations des résultats ;

- **juge de cassation** des arrêts et jugements rendus en dernier ressort par toutes les juridictions ;

- **juge** des recours en cassation des décisions de la Cour des comptes.

La Cour suprême est compétente sur les questions relatives aux demandes de révision, au règlement de jugement entre juridictions, les demandes de prise de parties contre une cour d'appel, les contrariétés de jugements ou arrêts rendus en dernier ressort par différentes juridictions, etc. Outre ses fonctions juridictionnelles, la Cour suprême est consultée par le président de la République, le président de l'Assemblée nationale dans les conditions définies par l'article 29 de la loi organique 2008-35 du 6 août 2008.

A. Organisation de la Cour suprême

La Cour suprême comprend des formations, une administration et le parquet général.

1. Les formations de la Cour suprême

Les formations sont constituées par les Chambres réunies, les Chambres et l'Assemblée générale consultative.

a) **Les Chambres réunies** : elles comprennent le premier président de la Cour suprême, les présidents de Chambre et les conseillers. Le premier président est de droit Président des Chambres réunies. Il est suppléé, en cas d'absence ou d'empêchement, par le plus ancien des présidents de Chambre. Les Chambres réunies peuvent, valablement, délibérer si sept de leurs membres sont présents.

b) Les Chambres : la Cour suprême est articulée en quatre Chambres :

1- **La Chambre criminelle** : elle connaît des pourvois en cassation, en matière pénale.

2- **La Chambre civile et commerciale** : elle connaît des pourvois en cassation, en matière civile et commerciale.

3- **La Chambre sociale** : elle connaît des pourvois en cassation, en matière sociale.

4- La Chambre administrative : elle connaît des pourvois en cassation, en matière administrative. Elle est juge en premier et dernier ressort de l'excès de pouvoir des autorités exécutives, ainsi que de la légalité des actes des collectivités locales. Elle est compétente, en dernier ressort, des contentieux des inscriptions sur les listes électorales et des élections aux Conseils des collectivités locales. Et, d'une manière générale, elle juge les contentieux qui lui sont dévolus par le Code électoral.

Chaque Chambre instruit et juge les affaires de sa compétence. Les parties ne sont pas recevables à contester la saisine de telle ou telle Chambre. Le premier président, le bureau entendu, affecte les membres de la Cour suprême entre les formations juridictionnelles. Il peut, pour assurer la bonne marche de la juridiction, affecter un même membre de la Cour à plusieurs formations.

2. Le parquet général près la Cour suprême

Le parquet général près la Cour suprême comprend le procureur général, le premier avocat général, les avocats généraux et les avocats généraux délégués. Le procureur général près la Cour suprême dirige le parquet général. Il en assure la discipline. Il peut présider le bureau de la Cour et les assemblées à la demande du premier président. Il a autorité sur l'ensemble du personnel en service au parquet général. Le procureur général est inspecteur général des parquets. Il peut, à ce titre, requérir le concours de tout magistrat ou toute personne qualifiée pour l'accomplissement de sa mission.

3. L'administration de la Cour suprême

L'administration de la Cour suprême est assurée par le **premier président.** Les crédits affectés à l'institution sont gérés sous sa responsabilité. Le premier président gère également le personnel. Dans l'exercice de ses responsabilités, le premier président est assisté du bureau de la Cour. Celui-ci est composé, outre le premier président, du procureur général, des présidents de Chambre, du premier avocat général. Un Secrétaire général, choisi parmi les conseillers et les avocats généraux, est nommé par décret. Il peut être invité à assister aux réunions du bureau. Le premier président peut réunir tous les membres de la Cour suprême en assemblée générale intérieure. Le secrétariat de la Cour est assuré par le greffier en chef nommé également par décret. Le greffier en chef assure le secrétariat des Chambres. Il est assisté des greffiers.

III. Les cours et tribunaux

Les cours et tribunaux sont caractérisés par leur très grand nombre et leur extrême diversité. Ils connaissent de tous les litiges qui se rattachent au droit civil ainsi que des infractions qui mettent en cause les questions de droit pénal et de droit administratif. Outre la Cour suprême aux compétences nationales et les juridictions d'exception, on classe les cours et tribunaux en deux grandes catégories : les juridictions du deuxième degré : cours d'appel et les juridictions de premier degré : les tribunaux de grande instance et les tribunaux d'instance.

A. Les cours d'appel

L'idée de **Cour d'appel**, c'est-à-dire la concentration des procès d'appel au sein d'une juridiction unique, n'est pas nouvelle. Il existait en effet à une époque lointaine, plus précisément sous le régime du **Consulat** en France, des tribunaux appelés tribunaux d'appel. Ces tribunaux avaient été créés après la suppression par les révolutionnaires de 1789 des cours souveraines et des parlements régionaux qui rendaient la justice. L'appellation « cour » a été attribuée à ces tribunaux d'appel par un sénatus-consulte de floréal an XII.

Au fil du temps, les cours d'appel, en prenant de l'importance, ont fini par devenir le centre de gravité de l'organisation judiciaire française. Bâtie sur le modèle de l'ancienne métropole, la cour d'appel de Dakar a constitué, dès ses débuts, un élément essentiel du dispositif judiciaire du nouvel État indépendant. Trois autres cours d'appel sont créées par la suite : Kaolack, Saint-Louis et Ziguinchor. Les **cours d'appel** comprennent plusieurs Chambres (civile, criminelle, correctionnelle, sociale, etc.) S'y ajoute la Chambre d'accusation. Chaque Chambre est composée de trois magistrats, dont le président de Chambre. Le premier président de la cour d'appel répartit chaque année entre les Chambres les conseillers après avis du président de Chambre et du plus ancien conseiller. Le premier président préside les audiences solennelles, les assemblées générales et les audiences de la Chambre civile. Il peut également, s'il le désire, présider les audiences des autres Chambres.

La règle qui établit la concentration des appels à la cour d'appel est d'application générale. Elle concerne les décisions contentieuses, les ordonnances des présidents de juridiction (décisions dites de référés) ainsi que les ordonnances rendues par les juges d'instruction. La règle de l'unité de juridiction d'appel présente des avantages, mais aussi, des inconvénients. Les avantages sont évidents. Elle permet de réduire sensiblement les risques de contradictions et de divergences en matière de jurisprudence. L'inconvénient majeur du système réside dans l'éloignement du justiciable par rapport à l'organe de décision de la justice. Par ailleurs, la règle se traduit par une augmentation du volume de travail des juges d'appel et pose le problème de la disponibilité d'un personnel qualifié en nombre suffisant pour servir dans les juridictions et chambres criminelles.

B. Les chambres criminelles

La **cour d'assises** a été longtemps la juridiction de droit commun en matière criminelle. Elle était compétente pour tout crime que la loi n'a pas transféré à une juridiction d'exception spécialement créée à cet effet. Elle était également compétente pour connaître tous les délits et même les contraventions connexes au crime principal dont elle est saisie. Deux traits ont caractérisé la **cour d'assises**. D'une part, c'était une juridiction intermittente. Elle se réunissait en sessions et, d'autre part, la **cour d'assises** statuait en premier et dernier ressort. Il en découlait que les arrêts de la cour d'assises ne pouvaient faire l'objet d'appel devant la cour d'appel, mais seulement de pourvoi en cassation devant la Cour suprême. L'autre particularité de la **cour d'assises** était d'avoir une double composition : un élément professionnel et un élément populaire (jury).

Les **cours d'assises** ont été créées au Sénégal dès l'accession du pays à l'indépendance nationale en 1960[23]. Elles comprenaient la cour d'assises de Dakar, Saint-Louis, Ziguinchor et Kaolack. Le système de **cour d'assises** a fonctionné au Sénégal jusqu'à une période récente. Une réforme récente a supprimé la formule du jury populaire ainsi que la forme organique de la juridiction. Désormais, les crimes sont jugés par les chambres criminelles instituées au sein de la cour d'appel et des tribunaux de grande instance. Il convient de retenir cependant que lesdites chambres criminelles doivent fonctionner comme les anciennes cours d'assises sans la présence d'un jury.

C. Les tribunaux

Les juridictions dites de premier degré ont connu de profondes mutations au Sénégal. Il fut d'abord créé dans le pays au lendemain de son accession à l'indépendance nationale **des tribunaux de première instance et des justices de paix**. Leurs compétences étaient très étendues. Les tribunaux de première instance, installés dans les chefs-lieux de région, connaissaient de toutes les affaires civiles et commerciales qui n'étaient pas de la compétence des justices de paix. Ils jugeaient également tous les délits autres que ceux qui sont prévus par l'ordonnance 60-57 du 14 novembre 1960 fixant les attributions des juges de paix.

---

[23] Ordonnance 60-56 du 14 novembre 1960 fixant l'organisation judiciaire dans la République du Sénégal.

Les justices de paix connaissaient, de leur côté, de tous les faits, qualifiés de « contravention de police », ainsi que des délits pour lesquels la loi leur a donné compétence[24].

Les tribunaux de première instance et les justices de paix ont fonctionné jusqu'à la réforme judiciaire de 1984 qui les a supprimés pour les remplacer par les tribunaux régionaux et départementaux. L'argument avancé à l'époque était de répondre à l'exigence de faire coïncider l'organisation judiciaire par rapport au découpage administratif du territoire national. Un argument tenant à la nécessité de désengorger les tribunaux justifie le remplacement des tribunaux régionaux et départementaux par des tribunaux de grande instance et des tribunaux d'instance. Mais en réalité, il s'est agi davantage de transposer au Sénégal le système français actuel d'organisation judiciaire. Il est vrai que le modèle de l'ancienne métropole coloniale a fait ses preuves à travers une très longue période de maturation et de bouleversement. L'avantage de la nouvelle réorganisation judiciaire au Sénégal est de permettre la création d'un ou plusieurs tribunaux de grande instance au sein de chaque région et de tribunaux d'instance dans chaque département.

Le tribunal de grande instance assure des compétences très larges. Il *« connaît, à charge d'appel, de toutes les affaires pour lesquelles la compétence n'est pas attribuée à une autre juridiction en raison de la nature de l'affaire et du montant de la demande »*. Il est composé de trois magistrats au moins, dont un président. Il est divisé en chambres lorsque l'effectif des magistrats atteint cinq juges. Lorsque le tribunal comprend plus de quatre chambres (Dakar), il est classé **tribunal de grande instance « hors classe ».** Le ministère public est représenté par le procureur de la République avec ses substituts. Un greffier en chef officie au tribunal de grande instance.

---

[24] Article 20 de l'ordonnance

§IV – La juridiction financière : la Cour des comptes

Le contrôle juridictionnel des comptes publics répond à un double objectif : d'une part, il permet d'assurer une meilleure régularité des dépenses publiques et, d'autre part, il donne des garanties sérieuses au comptable en faisant constater sa gestion par une juridiction spécialisée. Le jugement des comptes publics est donc nécessaire aussi bien dans l'intérêt de l'État que dans celui du comptable public.

I. Le jugement des comptes des comptables publics

« *La Cour des comptes juge les comptes des comptables publics* ». La loi organique 99-70 reprend les dispositions de la loi française du 16 septembre 1807, créant la Cour des comptes. Comme la juridiction française, la Cour des comptes sénégalaise a compétence sur l'ensemble des comptes publics. Elle est, plus particulièrement, chargée de l'examen de la régularité des écritures des comptables.

La Cour des comptes procède chaque année à la vérification des comptes des comptables publics. Il s'agit d'une compétence de droit commun. Cette compétence s'étend à tous les comptes tenus par toute personne ayant manié des deniers publics. La règle a une portée générale. Il importe peu que le comptable ait assuré la gestion de deniers appartenant à l'État ou à une autre personne morale publique (commune, établissement public, etc.). Il importe également peu que le comptable ait ou non la qualité de fonctionnaire, soit ou non régulièrement désigné. Le comptable, même de fait[25], est soumis à la juridiction de **la Cour des comptes**. Certains comptes peuvent cependant ne pas venir devant la

---

[25] L'article 104 de l'ordonnance du 3 septembre 1960 considère comme comptables de fait les fonctionnaires qui se sont immiscés dans les fonctions de comptables publics, les comptables publics qui ont abusé de leurs fonctions.

Cour des comptes. Lorsqu'il y a encombrement du rôle, le président de la Cour des comptes, sur proposition du président de la chambre compétente, peut décider l'apurement de certains comptes concernant les collectivités ou établissements publics par un comptable du Trésor.

L'obligation, pour le comptable, de soumettre ses comptes à la Cour des comptes, chaque année, est sanctionnée par une amende. La loi organique n'a pas déterminé le montant maximum de cette amende, comme elle l'a fait en ce qui concerne le retard dans la production des réponses aux injonctions de l'arrêt provisoire. On peut par conséquent estimer que le législateur n'a pas trop cherché à lier la Cour. Il lui a laissé toute latitude pour adapter la sanction à chaque cas particulier.

Le contrôle exercé sur les comptes publics est un contrôle de régularité. Contrairement au contrôle de légalité, la **Cour des comptes** ne juge pas de procès. Elle examine la régularité du compte qu'elle soit ou non contestée. Il n'est pas en effet nécessaire que la collectivité publique dont les finances sont en cause conteste la régularité du compte du comptable. Il se peut cependant qu'il y ait contestation devant la Cour des comptes soulevée par le ministère public ou la collectivité publique intéressée. Mais il s'agit de cas extrêmement rares.

Le président de la chambre compétente de la **Cour des comptes** répartit les dossiers entre les rapporteurs qu'il désigne parmi les conseillers et conseillers référendaires. Le rôle des rapporteurs consiste à procéder à la vérification des comptes. Ils doivent s'assurer que les comptes sont régulièrement certifiés, signés et visés. Ils examinent les pièces de recettes et de dépenses, ainsi que les pièces justificatives, formulent leurs observations assorties d'injonctions, s'il y a lieu. Lors de l'examen des recettes comme des dépenses, le rapporteur doit s'assurer de la légalité des recouvrements et vérifier que les dépenses correspondent à des crédits régulièrement prévus à cet effet. Une fois ce travail terminé, les rapporteurs présentent leurs conclusions à la chambre compétente. La chambre rend un double arrêt : un arrêt provisoire et un arrêt définitif. La règle du double arrêt est une transposition du droit français. Sa justification réside dans la nécessité d'assurer le caractère contradictoire des débats, compte tenu de la procédure écrite et de l'absence des débats entre le juge et le comptable dont le compte est en jugement. La Cour rend **l'arrêt provisoire** après que les rapporteurs ont présenté leurs conclusions. Cet arrêt a pour objet de relever toutes les charges qui pèsent sur le comptable. Celui-ci dispose d'un délai de deux mois pour répondre aux injonctions de la Cour. Ce délai doit être strictement respecté. Tout retard pourra être sanctionné par une amende qui ne peut excéder 100 000 F CFA. **L'arrêt définitif** est rendu après les réponses du comptable ou lorsque le compte en jugement n'a donné lieu à aucune injonction. Cet arrêt peut déclarer le comptable :

- **en décharge**, lorsque son compte a été reconnu régulier. S'il n'est plus en fonction, le comptable est déclaré quitte ;

- **en avance**, s'il est reconnu à tort débiteur du Trésor ;

- **en débit**, si le compte est irrégulier, c'est-à-dire si les écritures ne font pas état de tous les deniers qu'il a reçus ou aurait du recevoir ou s'il a payé à tort certaines dépenses. Il n'y a pas de voie de recours contre l'arrêt de la Cour. Celle-ci juge en premier et dernier ressort. Il existe cependant une exception à cette règle. Une demande en révision peut être introduite devant la chambre compétente dans les cas suivants :

- **par le comptable** si, après l'arrêt définitif, il retrouve des pièces justificatives. Il pourra ainsi demander à la Cour de revenir sur sa décision ;

- **par le ministère public**, lorsque des irrégularités ont été découvertes après recoupement : erreur, omission, faux ou double emploi.

L'apurement des comptes publics demeure la tâche essentielle de la Cour des comptes. La vérification porte sur la comptabilité des divers services de l'État. Les comptes des établissements publics et des communes sont également apurés en la forme juridictionnelle.

II. Le contrôle de la gestion des administrateurs

Outre le contrôle de la régularité des comptes des comptables publics, la **Cour des comptes** exerce deux activités annexes : le contrôle de la gestion des administrateurs et la vérification et le contrôle des comptes des établissements publics.

Le **contrôle de la gestion des administrateurs** est une activité distincte, mais complémentaire du jugement des comptes. L'initiative de la **Cour des comptes** a pour but de seconder et non d'entraver la marche des services publics. Elle ne saurait donc juger les administrateurs. Les juges se bornent à relever les irrégularités constatées à l'occasion de l'examen des comptes et à les transmettre à l'autorité hiérarchique qui se chargera de mettre en cause la responsabilité pécuniaire de l'administrateur devant la chambre de discipline financière.

La Cour des comptes, statuant en matière de comptabilité publique, exerce son contrôle sur tous les ordonnateurs des administrations publiques de l'Etat et sur la gestion financière et comptable des entreprises nationales et établissements publics à caractère industriel et commercial. La **Cour des comptes** relève toutes les irrégularités à la réglementation financière commises par les administrateurs. Elle dispose du pouvoir d'injonction pour obtenir des administrateurs les renseignements qui lui sont nécessaires.

Les référés sont des lettres adressées par le président de la Cour des comptes aux ministres et au président de l'Assemblée nationale pour leur signaler les observations faites concernant la gestion financière et comptable des administrateurs relevant de leur autorité. Ces autorités ont ainsi la possibilité de *« redresser les erreurs commises et d'adresser aux agents en cause tous avertissements utiles et d'exercer, le cas échéant, une action disciplinaire contre les administrateurs responsables »*.

Les fautes de gestion commises par les administrateurs peuvent être sanctionnées, disciplinairement ou pénalement. Les sanctions disciplinaires sont peu efficaces et ne permettent pas le remboursement, au Trésor, des sommes décaissées par la faute de l'agent imprudent. En ce qui concerne les sanctions pénales, il faut souligner la disproportion souvent relevée entre les fautes commises et la sanction appliquée. De plus, la responsabilité pénale de l'administrateur ne peut être engagée que si la mauvaise foi est prouvée.

C'est pour sanctionner plus efficacement les irrégularités constatées par l'inspection générale d'État et par la **Cour des comptes** que le législateur sénégalais a prévu la possibilité d'une mise en cause de la responsabilité pécuniaire des administrateurs devant la chambre de discipline financière. Tout fonctionnaire civil ou militaire, tout magistrat, tout membre du cabinet ministériel, tout agent de l'État, d'une collectivité publique ou d'un établissement public, tout membre du cabinet du président de la République peut se voir appliquer des sanctions pécuniaires lorsqu'il aura commis des irrégularités dans sa gestion financière et comptable. Les fautes de gestion punissables qui peuvent être sanctionnées par la chambre de discipline financière sont :

- l'engagement de dépenses non soumis à l'examen préalable du contrôle financier ou malgré le refus de visa opposé par celui-ci (art. 1er et 3) ;

- l'imputation irrégulière de dépenses faite, sciemment, pour dissimuler un dépassement de crédit (art. 2) ;

- l'engagement de dépenses sans avoir reçu de délégation de signature (art.4) ;

- la production de fausses certifications à l'appui ou à l'occasion de liquidation des dépenses ou l'infraction à la réglementation des marchés de l'organisme au nom duquel agit le délinquant (art.5 et 6) ;

- l'attribution ou la tentative d'attribution d'un bénéfice anormal à ceux avec lesquels le délinquant contracte, en omettant soit d'assurer une publicité suffisante aux opérations effectuées, soit de faire appel à la concurrence, soit de faire prévaloir les intérêts de l'Etat (art. 7) ;

- la création d'un état de gaspillage, notamment, par les moyens suivants : défaut de poursuite d'un débiteur ou de constitution d'une sûreté réelle, transaction trop onéreuse pour la collectivité, soit en matière de marchés, soit en matière d'acquisition immobilière, stipulation de qualité ou de fabrication, de nature à accroître le montant de la dépense (art. 8) ;

- les dépenses en épuisement des crédits.

Saisie par le procureur général près la Cour des comptes et après instruction de l'affaire par un rapporteur, la chambre de discipline financière prononce un jugement de condamnation, de relaxe ou d'absolution. La condamnation est une amende dont le montant varie entre 10 000 francs au minimum et le traitement ou salaire annuel brut au maximum. Si le délinquant ne percevait pas de rémunération revêtant le caractère de traitement, le maximum de l'amende est égal au montant du traitement brut annuel correspondant à l'échelon le plus élevé de la fonction publique.

SECTION 3 :
LES ORGANES À CARACTÈRE CONSULTATIF

Les organes judiciaires à vocation consultative sont constitués par le Conseil supérieur de la magistrature et le Conseil supérieur de la Cour des comptes.

§I — Le Conseil supérieur de la magistrature

Contrairement au Conseil supérieur de la Cour des comptes qui n'a été créé qu'en 1999, le Conseil supérieur de la magistrature existe depuis 1960[26]. Il est présidé par le président de la République avec, comme vice-président, le garde des Sceaux, ministre de la Justice. Il comprend en outre le président de la Cour suprême, le premier président de la cour d'appel, le procureur général près la Cour suprême, le procureur général près la Cour d'appel, et trois magistrats élus pour quatre ans et trois magistrats suppléants élus dans les mêmes conditions que les titulaires. Le Conseil se réunit sur convocation de son président. Les membres du Conseil sont tenus au secret professionnel.

Le rôle fondamental dévolu au **Conseil supérieur de la magistrature** est d'assurer la garantie de l'indépendance du pouvoir judiciaire. Il intervient dans trois domaines : en matière de nomination des magistrats, de discipline et de grâce accordée par le président de la République.

I. Intervention en matière de nomination des magistrats

Le **Conseil supérieur de la magistrature** donne son avis sur toutes les nominations concernant les magistrats, à l'exception toutefois de celles des membres du Conseil constitutionnel et de la Cour des comptes.

---

[26] Ordonnance 60-16 du 3 septembre 1960.

L'obligation de recueillir l'avis du Conseil supérieur de la magistrature est fondée sur la nécessité d'empêcher que le pouvoir exécutif profite de son pouvoir de nomination et de promotion pour porter atteinte à l'autorité et à l'indépendance des magistrats du siège. Pour toutes les nominations de magistrats, l'avis du Conseil supérieur est donné sur les propositions faites par un membre du Conseil. Pour délibérer valablement, le Conseil supérieur de la magistrature doit réunir, outre le président, au moins cinq membres.

II. Intervention en matière de discipline

Le **Conseil supérieur de la magistrature** est le Conseil de discipline des magistrats. Lorsqu'il siège, à ce titre, pour examiner le cas d'un magistrat du siège, il est présidé par le premier président de la Cour suprême. Lorsqu'il statue sur le cas d'un magistrat du parquet, il est présidé par le procureur général près la Cour suprême. Pour délibérer valablement, le Conseil de discipline doit comprendre, outre son président, au moins cinq de ses membres.

C'est le garde des Sceaux, ministre de la Justice qui doit soulever les faits motivant le renvoi du magistrat en Conseil de discipline. Un rapporteur est désigné par le président du Conseil de discipline. Celui-ci peut diligenter toutes investigations nécessaires à l'accomplissement de sa mission. Le magistrat en cause est ensuite entendu. Il peut se faire assister par un de ses pairs ou par un avocat. Le Conseil délibère à huis clos. La décision du Conseil de discipline, qui doit être motivée, n'est susceptible d'aucune opposition ni d'aucun recours, même devant la Cour suprême.

III. Intervention en matière de grâce

Le président de la République exerce son droit de grâce en Conseil supérieur de la magistrature. Celui-ci donne un avis. Cet avis est obligatoirement requis. L'instruction des demandes de grâce est faite par le garde des Sceaux, ministre de la Justice qui présente ensuite ses propositions au Conseil. L'avis du Conseil est rendu après présentation par le rapporteur désigné, de son rapport, le décret de grâce est signé par le président de la République.

§II — Le Conseil supérieur de la Cour des comptes

Le **Conseil supérieur de la Cour des comptes** a été créé par la loi organique n° 99-73 du 17 février 1999. À l'image du Conseil supérieur de la magistrature, il est présidé par le président de la République assisté du ministre de l'Économie et des Finances en qualité de vice-président. Le Conseil comprend en outre trois personnalités qualifiées n'exerçant pas de mandat électif désignées respectivement par le président de la République, le président de l'Assemblée nationale. Il y a en outre le 1er président de la Cour des comptes, le procureur général près la Cour des comptes, les présidents de chambre, un délégué élu représentant les conseillers maîtres, un délégué élu représentant les conseillers référendaires. Le Conseil examine les requêtes et doléances présentées par les magistrats à l'occasion de la publication de la liste annuelle d'aptitude. Il est consulté sur toutes les questions relatives au statut des membres de la Cour des comptes. S'agissant de la discipline des magistrats : le **Conseil supérieur de la Cour des comptes** a compétence en matière de discipline des magistrats dans les conditions définies par la loi organique précitée. Il est présidé alors par le 1er président de la Cour des comptes ou, en cas d'empêchement, par le doyen des présidents de chambre. Il statue hors la présence du président de la République et du ministre de l'Economie et des Finances.

*

* *

L'organisation judiciaire telle qu'elle vient d'être décrite apparaît très complexe. Seules des personnes averties peuvent en effet comprendre le mécanisme ainsi que l'articulation et les compétences dévolues aux différentes branches. Pour beaucoup de personnes, il faut secouer vigoureusement la vieille Dame pour la vivifier et lui faire accomplir ses missions régaliennes.

Deux positions s'affrontent dans le cadre de cette réforme souhaitée par tous. D'aucuns soutiennent qu'il faut la réformer en profondeur, c'est-à-dire opérer des changements fondamentaux en vue de renforcer et de consolider l'indépendance du pouvoir judiciaire. D'autres, en revanche, estiment qu'il faut simplement améliorer son mode de fonctionnement actuel et asseoir un système de coordination approprié à tous les niveaux de la pyramide judiciaire. Le débat est donc ouvert. Il reste cependant à considérer que la réforme de la justice n'est pas une chose aisée. C'est une œuvre de longue haleine, éminemment complexe. Elle est liée fondamentalement à la réforme de l'État. Elle ne peut ainsi se réaliser sans la volonté résolue du gouvernement désireux de changer le cours des choses. C'est une évidence que la justice, dans ses missions fondamentales, est essentielle à la société et au bon fonctionnement de l'Etat, grâce surtout à la qualité et à la diversité de ses ressources en personnels de qualité.

CHAPITRE 3

LA CATÉGORISATION DES PERSONNELS DE JUSTICE

La **justice** est un monde foisonnant. Les Américains l'assimilent à un jeu de théâtre où la loi est considérée comme un adversaire qu'il faut mettre au défi tout en respectant les règles du jeu. D'autres parlent de jeux d'enfants qu'ils comparent à une joute héritée *« de la vieille tradition médiévale du combat pour la vérité »*.

Dans ce combat sans cesse renouvelé, l'arbitre, ou plus précisément le juge, veille à l'application des règles de droit édictées par l'autorité politique ou administrative. Il lui appartient de rétablir ce qu'il considère comme la figure exacte des éléments du conflit qui lui est soumis pour arbitrage. Le magistrat apparaît ainsi comme le pivot central du système judiciaire. Sa mission fondamentale est de rétablir l'ordre perturbé par des agissements individuels ou collectifs. Autour de lui gravitent de très nombreux agents, chacun ayant une spécialité précise.

SECTION 1 : LES MAGISTRATS

Les magistrats[27] sont des hommes et des femmes de carrière. Ils sont chargés de rendre la justice, c'est-à-dire prendre des décisions à caractère juridictionnel. Le corps des magistrats est constitué par les magistrats des cours et tri-

[27] Le concept « **magistrat** » est apparu au XVIe siècle.

bunaux, les magistrats de l'administration centrale ainsi que les magistrats qui servent en détachement dans d'autres services de l'État[28]. Il existe deux catégories de magistrats : les magistrats du siège et les magistrats du ministère public. Malgré leur différenciation, les deux catégories de magistrats ont cependant de très nombreux traits communs.

§I — Les traits communs aux magistrats du siège et aux magistrats du parquet

Les traits communs entre les magistrats du siège et les magistrats du parquet sont forts nombreux. On peut les identifier ainsi :

1- **L'origine des magistrats** : à l'exception de certains recrutements au sein de la Cour suprême et de la Cour des comptes, les magistrats du siège et du parquet sont tous formés au Centre de formation judiciaire. Ce Centre, qui a été créé par le décret 95-20 du 6 janvier 1995, assure, depuis cette date, la formation des magistrats qui était dispensée auparavant par l'École Nationale d'Administration et de la magistrature (ENAM).

Les élèves magistrats, appelés « **auditeurs de justice** », sont recrutés par voie de concours direct et de concours professionnel. Le concours direct est ouvert aux Sénégalais titulaires d'un Master en sciences juridiques ou d'un diplôme équivalent, remplissant les conditions générales d'accès à la fonction publique. Le concours professionnel est ouvert aux fonctionnaires de la hiérarchie B (au moins), titulaires d'une maîtrise ès sciences juridiques ou d'un diplôme admis en équivalence et totalisant cinq années de service.

---

[28] Le texte organique qui régit le corps des magistrats est la loi organique 92-27 du 30 mai 1992 modifiée par la loi organique 2012-208 du 13 février 2012.

La durée des études est de deux années à l'issue desquelles, l'auditeur de justice est nommé en qualité de juge suppléant et affecté dans une juridiction.

2- **Les règles professionnelles** : les magistrats sont tous régis par la loi organique 92-27 du 30 mai 1992 portant statut des magistrats. Cette loi définit les règles professionnelles auxquelles tous les magistrats sont soumis. Ces règles concernent les sujétions, contraintes et règles de disciplines applicables à tous les magistrats. Il y a également les règles relatives à l'installation, au rang, aux honneurs de préséance, au costume, à la vacation, à l'autorisation d'absence, à la rémunération, au congé, au détachement, à la disponibilité, à la prolongation d'activité, à la cessation de fonction, à l'honorariat, à la hiérarchie, etc.

3- **La prestation de serment** : la prestation de serment est obligatoire pour tous les magistrats avant leur entrée en fonction. Par son serment, le magistrat s'engage à *« exercer ses fonctions en toute impartialité, dans le respect de la constitution et des lois de la République et de garder scrupuleusement le secret des délibérations et des votes, de ne prendre aucune position publique, de ne donner aucune consultation à titre privé sur les questions relevant de la compétence des juridictions et d'observer en toutes circonstances la réserve, l'honneur et la dignité que ces fonctions imposent* ». Il est évident qu'un tel serment est infiniment plus large que celui édicté par la loi 84-21 du 2 février 1984 qui se bornait à dire *« je jure de bien et loyalement remplir mes fonctions de magistrat, de rendre impartialement la justice ».*

L'avantage de l'actuel serment par rapport à celui de 1984 réside dans le fait que la fonction du **magistrat** n'est pas seulement de rendre la justice, mais également d'administrer la justice et d'assurer le contrôle des opérations électorales.

§II — La différenciation des magistrats du siège et des magistrats du parquet

Les traits de différenciation entre les deux catégories de magistrats se situent à plusieurs niveaux.

- **En premier lieu** : il faut souligner que les magistrats du siège et les magistrats du parquet n'exercent pas les mêmes attributions ;

- **en second lieu** : les magistrats du siège jouissent de garanties de carrière et d'indépendance beaucoup plus fortes que celles des magistrats du parquet.

A. Les magistrats du siège

Ce sont ceux qui jugent, qui rendent des décisions à caractère juridictionnel. Ce sont des fonctionnaires publics investis de l'autorité juridictionnelle. Ils servent dans les cours et tribunaux. Ils sont totalement indépendants. Ils ne dépendent, dans l'exercice de leurs fonctions, de personne. Ils n'obéissent qu'à la loi et à leur propre conscience. Ils sont soumis, en matière disciplinaire et d'avancement, à la seule autorité du Conseil supérieur de la magistrature alors que les magistrats du parquet dépendent du ministère de la Justice[29].

B. Les magistrats du parquet

Ils ont pour fonction de requérir, devant les cours et les tribunaux, l'application de la loi. On les appelle également « magistrats du parquet ». Ils sont installés auprès des tribunaux, mais n'y sont pas intégrés. Les magistrats du parquet peuvent, par ailleurs, assumer des fonctions, soit de commissaires du gouvernement auprès de certains organismes publics ou de représentants du parquet pour assurer la défense de l'intérêt général.

---

[29] La commission constituée au ministère de la Justice n'émet qu'un avis sur les propositions d'avancement des magistrats du parquet.

Concernant les juridictions, les magistrats du parquet assurent le monopole de l'action publique. Ils sont par conséquent présents à tous les niveaux de la procédure pénale. S'agissant des tribunaux civils, la présence des magistrats du parquet n'est pas toujours assurée. Généralement ils se bornent à donner leur avis et à faire des conclusions.

Alors que les magistrats du siège sont toujours assis, les magistrats du parquet sont en revanche debout quand ils interviennent au cours des audiences judiciaires. Les expressions « magistrature assise », « magistrature debout » font ainsi partie du jargon judiciaire.

À la différence des magistrats du siège qui ne sont soumis qu'à l'autorité de la loi, les magistrats du parquet dépendent hiérarchiquement du garde des Sceaux, ministre de la Justice : les procureurs de la République dépendent des procureurs généraux, ceux-ci sont placés sous l'autorité du ministre qui peut leur donner des instructions auxquelles ils sont tenus de se conformer. Mais comme le dit l'adage, *« la plume est serve, la parole est libre »*. Le procureur de la République et le procureur général trouvent ainsi leur liberté quand ils interviennent oralement.

*

*   *

Les développements qui précèdent montrent que les magistrats constituent la cheville ouvrière du système judiciaire. Ils sont ceux qui décident. Ils ne sont pas seuls cependant. D'autres personnes interviennent également soit comme simples collaborateurs des magistrats, soit comme des auxiliaires véritables, associés à la décision de justice.

SECTION 2 : LES AUXILIAIRES DE LA JUSTICE

De nombreuses personnes n'ayant pas la qualité de magistrat collaborent à l'œuvre de justice. Il s'agit notamment des syndics, des liquidateurs, des arbitres, des rapporteurs qui exercent auprès des tribunaux des activités très diverses. Il y a également les administrateurs judiciaires, les assistants de tous ordres qui collaborent avec les juridictions dans la résolution des problèmes d'ordre technique, économique et social. Mais il y a surtout les auxiliaires de la justice qui ont un vrai statut, qui participent directement à la procédure et au débat judiciaires. Il s'agit principalement des avocats et des officiers ministériels dont la profession est régie par des lois et règlements spécifiques.

§I — Les avocats

Les avocats sont des juristes professionnels. Ils interviennent dans les débats judiciaires pour défendre les parties qui les choisissent. La fonction d'avocat revêt des caractéristiques spécifiques.

I. Les traits caractéristiques de la profession d'avocat

Trois traits caractérisent la profession d'avocat. Elle a des origines historiques anciennes, elle est libérale et réglementée.

A. Une profession d'origine historique

La profession d'**avocat** est d'origine ancienne. Elle remonte très loin dans le passé. On l'a trouvée en Grèce et à Rome. En France, le terme « avocat » est mentionné pour la première fois dans les capitulaires de Charlemagne de 802. On le retrouve ensuite dans une ordonnance de Philippe III le Hardi du 23 octobre 1274. Cette ordonnance donnait aux avocats, membres du parlement, le droit de porter le titre de

« Maître ». C'est en 1344 qu'un arrêt de règlement du Parlement de Paris a organisé et officialisé le statut d'avocat. La Révolution française de 1789 a confirmé le rôle défenseur de l'avocat.

La profession d'**avocat** s'est beaucoup développée depuis. Elle existe aujourd'hui partout dans le monde : France, Canada, Belgique, République populaire de Chine, États-Unis d'Amérique, en Afrique, etc. Pour conforter et consolider la place de l'avocat dans la société, l'assemblée générale des Nations Unies a adopté en 2004 une résolution considérant la présence d'un avocat dans les procès judiciaires comme un droit fondamental pour les individus.

Sur le plan organisationnel, les avocats sont regroupés dans des ordres professionnels réglementés. Cette organisation n'est pas cependant nouvelle. C'est en effet au VIe siècle que l'empereur Justinien a créé un collège de défendeurs. L'ordonnance de Philippe III le Hardi du 23 octobre 1274 précitée devait octroyer la possibilité pour les **avocats** de se regrouper en coopérations. Le barreau est ainsi né, mais son fonctionnement effectif n'a commencé qu'avec un acte du Parlement de Paris de 1302.

Le mot **« bâtonnier »,** qui symbolise l'ordre des avocats, n'est pas également nouveau. Au temps de la royauté en France, le président du Conseil des avocats portait un **bâton** lors des cérémonies religieuses à l'époque médiévale. Son rôle consistait à résoudre les conflits entre collègues avocats. Certes, la profession d'avocat a évolué en devenant plus libérale, mais il reste toujours tributaire d'un Conseil de l'ordre et d'un encadrement juridique rigoureux.

B. Une profession libérale

L'**avocat** exerce une profession libérale. Son rôle est de conseiller et de défendre la partie qui le choisit. Il plaide oralement ou sous forme d'observations écrites. Sur le plan des principes, **l'avocat** ne représente nullement la partie qui le choisit. Il n'est pas en effet un mandataire, à la différence des officiers ministériels. Il est libre de remplir sa mission selon ses convenances. Ainsi il ne doit aucun compte à son client, sauf dans le cas où il aurait failli à ses obligations professionnelles.

Les **avocats** ont le monopole de la plaidoirie devant les juridictions de droit commun. Il existe cependant des cas où le ministère d'un avocat n'est pas exigé. Ainsi, conformément aux dispositions de l'article 2 du décret 60-309 du 3 septembre 1960 portant création d'un barreau près la cour d'appel. *« Toute personne peut plaider et postuler verbalement ou par mémoire soit pour elle-même, soit pour ses cohéritiers, coassociés et consorts, soit pour ses parents ou alliés sans exception en ligne directe et jusqu'au second degré inclusivement »*. En ligne collatérale, le mari peut plaider et postuler pour sa femme ; celle-ci peut plaider pour son mari, le tuteur pour ses pupilles ou le curateur aux successions vacantes pour les personnes qu'il représente. *« Dans les actions purement personnelles et mobilières comme dans les actions commerciales dont l'intérêt ne dépasse pas 20 000, le ministère de l'avocat n'est pas obligatoire et les parties peuvent se faire représenter par un mandataire de leur choix agréé par le tribunal et muni d'un pouvoir écrit et express »*.

C. Une profession réglementée

La profession d'**avocat** est réglementée. Les droits et les obligations sont codifiés. Le premier texte pris dans ce sens au lendemain de l'indépendance nationale est le décret 60-309 du 3 septembre 1960 portant création d'un barreau près la cour d'appel du Sénégal. Ce texte a fait l'objet de plusieurs modifications depuis lors. Les textes actuels régissant la profession d'**avocat** définissent les conditions d'accès à la profession, les droits et obligations des avocats.

II. Les conditions d'accès à la profession d'avocat

Les candidats désirant accéder au barreau doivent remplir les conditions suivantes : être titulaire d'un Master 2 en sciences juridiques, obtenir le certificat d'aptitude à la profession d'avocat, avoir effectué un stage de 3 ans.

Nul ne peut exercer la profession d'**avocat** s'il n'est pas inscrit au tableau. Le candidat à l'inscription au tableau doit fournir les pièces suivantes : extrait de naissance, extrait du casier judiciaire, certificat de nationalité sénégalaise et diplôme de maîtrise en droit. Une enquête de moralité du postulant est menée sous l'égide du Conseil de l'ordre. Les avocats admis au stage figurent sur une liste établie en tenant compte de l'ancienneté de la date d'admission.

III. Les droits et obligations de l'avocat

La réglementation régissant l'exercice de la profession d'avocat est relativement détaillée. Elle comporte les dispositions suivantes :

a. Les droits des avocats

1- Les avocats inscrits au tableau ont le droit d'exercer devant toutes les juridictions de leur ressort. Ils sont les seuls à avoir qualité pour plaider, postuler et représenter les parties en toutes matières. Ils ont également *« le droit de faire et de signer tous les actes nécessaires à l'exécution des jugements et arrêts s'il y a lieu » ;*

2- les avocats sont autorisés à s'associer entre eux sous certaines conditions ;

3- **l'avocat** jouit d'une immunité qui est nécessaire à l'exercice de sa profession. Cette immunité assure sa protection contre les poursuites en injures, à la diffamation pour les propos tenus au cours de leurs plaidoiries. Son bureau est inviolable. Il ne peut être l'objet de saisie des pièces et documents couverts par le secret professionnel.

b. Les obligations des avocats

Les obligations auxquelles sont soumis les **avocats** sont relativement nombreuses. Elles comprennent, entre autres :

1- **la profession d'avocat** est incompatible avec toutes les fonctions publiques et avec toutes les missions confiées par la justice, notamment celle d'expert ou d'arbitre rapporteur ;

2- **la profession d'avocat** est incompatible avec les charges d'officier public, avec tout emploi de gérant de société, avec les emplois à gages, les emplois d'agents comptables, etc. ;

3- **les avocats parlementaires** ne peuvent accomplir des actes relatifs à des atteintes portées à *« l'épargne ou au crédit, ni contre l'État et les établissements publics de l'État dans lequel ils ont été élus ni contre les communes de cet État »*.

c. Régime disciplinaire

Les avocats peuvent être omis du tableau dans les conditions ci-après : être très éloigné de son ressort par effet de maladies ou infirmités graves, exercice d'activités étrangères au barreau, exercice de fonctions impliquant une subordination, conduite marquant un défaut d'honorabilité qui porte atteinte à la dignité de l'ordre, non-paiement de la contribution aux charges de l'ordre, non-exercice de manière affective de la profession d'avocat.

IV. L'organisation et le fonctionnement de l'ordre des avocats

Le barreau des avocats est constitué en deux organes : l'Assemblée générale et le Conseil de l'ordre :

A. L'Assemblée générale

Elle regroupe tous les avocats inscrits au tableau. Elle se réunit au moins une fois par an. Elle est présidée par le **bâtonnier** ou un membre du Conseil de l'ordre ou, à défaut, par le plus ancien des avocats présents dans l'ordre. C'est l'Assemblée générale qui élit le bâtonnier ainsi que les membres devant constituer le Conseil de l'ordre.

B. Le Conseil de l'ordre

La composition du Conseil de l'ordre varie selon le nombre des avocats inscrits au tableau.

Les membres du **Conseil de l'ordre** sont élus par vote à la majorité absolue. Les **avocats** peuvent voter par correspondance. Le bulletin de vote est, dans ce cas, transmis sous pli fermé au bâtonnier en exercice, avant la date prévue pour l'élection des membres du Conseil.

Le **bâtonnier** est élu par l'Assemblée générale, au scrutin secret et à la majorité absolue des membres ayant pris part au vote (personnellement ou par correspondance) parmi les avocats inscrits au tableau depuis au moins cinq ans. Les autres membres du Conseil sont élus directement par l'assemblée générale des avocats au scrutin uninominal.

Le Conseil de l'ordre **des avocats** a des attributions très larges. Il statue sur les points relatifs au fonctionnement du barreau, notamment sur les inscriptions au tableau, les omissions décidées d'office à la demande du procureur général, sur les admissions au stage, sur l'inscription au tableau des avocats stagiaires, sur les demandes de réinscription au tableau par les anciens avocats, sur les infractions et fautes commises par les avocats inscrits au tableau, sur le maintien des principes de probité, de désintéressement, de modération et de confraternité, sur le respect par les avocats de la ponctualité aux audiences, sur les questions intéressant l'exercice par les avocats de leur profession, sur la gestion et l'administration des biens de l'ordre, sur les autorisations à donner au bâtonnier pour acceptation des dons et legs.

Le **Conseil de l'ordre** statue également sur les sanctions prononcées à l'encontre des avocats. Il peut infliger les sanctions suivantes : l'avertissement, la réprimande, l'interdiction temporaire, laquelle ne peut excéder trois années, la radiation du tableau ou de la liste de stage. Les décisions du **Conseil de l'ordre** sont consignées sur un registre spécial tenu à la disposition de tous les avocats inscrits au tableau.

§II — Les huissiers de justice

Les **huissiers** de **justice** sont des officiers ministériels chargés d'exécuter des missions d'ordre légal, principalement les significations et l'exécution des décisions de justice. Ils sont des auxiliaires de justice d'un rang relativement élevé.

Le mot « **huissier** » provient du mot « **huis** » qui veut dire « **porte** ». [30]. La profession d'huissier est aujourd'hui très répandue, particulièrement dans les pays occidentaux. L'Organisation non gouvernementale « l'Union internationale des huissiers et officiers judiciaires » assure la promotion et le développement de la profession dans le monde. Il convient cependant de retenir que la profession d'huissier n'est pas nouvelle. Elle a une longue histoire qui remonte à la nuit des temps.

I. L'évolution historique de la profession d'huissier de justice

Il a existé au temps des Romains une profession qui ressemblait beaucoup à celle de **l'huissier de justice** d'aujourd'hui, connue sous l'appellation « officiales ». Elle

---

[30] Le H est muet La liaison est faite directement comme dans l'huissier.

était chargée de l'application des décisions judiciaires. On distinguait dans ce cadre deux catégories d'« officiales » : les « **appartores** » dont la mission consistait à rassembler le peuple lors des jugements, d'introduire les justiciables et d'assurer la police des audiences, et les **« executores »,** chargés de procéder aux saisies des biens des débiteurs ou à des contraintes par corps par lesquelles les créanciers se faisaient payer en emprisonnant les débiteurs. Cette situation a changé au Moyen Âge avec l'avènement de la société. Ainsi les « officiales » devinrent des sergents et des huissiers.

- **Les sergents** avaient pour mission de s'occuper des significations dans les juridictions et d'exécuter les décisions prises par les juges ;

- **Les huissiers**, en revanche, assuraient les services d'audience ainsi que la police des tribunaux. L'évolution de la situation en faveur des huissiers a amené ceux-ci à devenir les officiers des juridictions les plus importantes, les **sergents** étant relégués au sein de juridictions inférieures.

Pour magnifier leur supériorité par rapport aux **sergents**, les **huissiers** furent dotés de nouveaux habits et symboles. Ils sont ainsi revêtus de *« manteaux bigarrés puis rayés et d'une petite baguette ronde en ébène d'une longueur de 30 cm garnie de cuivre ou d'ivoire »*[31]. Des textes du XIVe et XVe siècle mentionnaient que l'**huissier** devait avoir un bon cheval, des armes et une verge. Il devait être marié et portait en permanence un costume. En 1705, un édit royal unifia, en un seul corps, les sergents à verge et à cheval avec le titre commun d'**huissier**. Celui-ci pouvait exploiter en toutes matières, dans toute l'étendue du royaume, et résider où bon lui semble. Ainsi s'ébaucha ce qui allait deve-

---

[31] Le premier huissier du Parlement de Paris portait le titre de « Maître ».

nir le véritable statut de l'huissier à l'époque contemporaine.

II. Le statut contemporain de l'huissier de justice

Le statut actuel des **huissiers de justice résulte** du décret sénégalais 60-310 du 3 septembre 1960 fixant le statut des huissiers de justice. Celui-ci classe la profession d'huissier de justice parmi les professions libérales réglementées. Les différents textes régissant les officiers ministériels comportent, d'une part, une réglementation générale applicable à tous les officiers ministériels et, d'autre part, une réglementation particulière propre à chaque professionnel. S'agissant de la profession **d'huissier de justice,** le régime juridique applicable met l'accent sur les missions dévolues à l'huissier de justice, les conditions d'accès à la profession ainsi que sur les droits et obligations de l'**huissier.**

A. Les missions de l'huissier de justice

Les missions dévolues à **l'huissier de justice** sont relativement étendues. Elles comprennent quatre volets : le service des audiences des juridictions, la signification des actes judiciaires, l'exécution des décisions de justice et l'établissement des constats.

1. Le service des audiences

C'est la mission traditionnelle des **huissiers de justice**. Elle s'est dessinée et consolidée depuis les temps anciens. Ainsi les **huissiers de justice** *« sont tenus d'assurer le service des audiences de la cour d'appel et des tribunaux du Sénégal auprès desquels ils sont immatriculés, sans jamais prétendre à d'autres indemnités que celles prévues au tarif en vigueur »*[32].

---

[32] Article 20 du décret 60-310.

2. Le monopole des significations d'actes judiciaires

Les significations d'actes judiciaires sont faites par les **huissiers de justice,** par exploits établis dans les formes prescrites par la loi. Les actes sont délivrés à la partie intéressée par notification soit à une personne, soit à son domicile, soit au parquet si la personne concernée est introuvable. Les actes signifiés par l'**huissier de justice** sont opposables à tous et ont valeur d'actes authentiques.

3. L'exécution des décisions de justice

Les décisions de justice sont des actes ayant force exécutoire, c'est-à-dire des actes autorisés par le juge : opération d'expulsion par exemple.

4. L'établissement de constats

Les constats demandés par l'autorité judiciaire sont destinés à servir de renseignements très utiles dans les procédures judiciaires. S'agissant des constats demandés par des particuliers, ils permettent de faire l'état des lieux, les troubles de voisinage, les états d'adultère, etc.

Il résulte des développements qui précédent que l'exercice de la fonction **d'huissier de justice** est relativement complexe. Elle requiert une bonne formation professionnelle et une grande ouverture d'esprit. C'est pour répondre à cette exigence que des conditions strictes d'accès à la profession ont été définies dans le cadre de l'organisation générale de la profession d'huissier.

B. L'accès à la profession d'huissier de justice

Les candidats à la profession **d'huissier de justice** doivent remplir les conditions ci-après : avoir 25 ans au moins, avoir la nationalité sénégalaise, être titulaire de la maîtrise ès sciences juridiques et avoir suivi un stage dans une étude d'**huissier** d'une durée de deux ans au moins.

Pour obtenir leur nomination à la charge d'huissier de justice, les candidats qui remplissent les conditions ci-dessus mentionnées sont tenus d'adresser un dossier au garde des Sceaux, ministre de la Justice qui, après enquête, « décide s'il y a lieu ou non de proposer les candidatures au président de la République pour nomination par décret ». L'huissier nommé ne peut entrer en fonction qu'après versement à la Caisse de dépôt et consignations de la caution exigée. Il doit en outre prêter serment devant le tribunal.[33]

C. Droits et obligations de l'huissier de justice

L'huissier de justice est soumis à des sujétions et obligations rigoureuses.

1- **L'huissier de justice** ne peut intervenir que dans le ressort du tribunal où se trouve son étude. Sa compétence territoriale peut cependant être étendue par décret ;

2- contrairement à l'avocat, **l'huissier de justice** ne fixe pas librement ses honoraires. Il est rémunéré suivant le tarif officiel de frais de justice. Il lui est ainsi, interdit de réclamer des sommes supérieures au tarif en vigueur ;

3- **l'huissier de justice** est tenu d'assurer son ministère lorsqu'il est requis par les parties, le ministère public ou les officiers de police judiciaire ;

4- **l'huissier de justice** est soumis à un régime disciplinaire rigoureux lorsqu'il commet des fautes dans l'exercice de ses fonctions. Il peut ainsi faire l'objet des sanctions suivantes : le rappel à l'ordre, la censure simple, la suspension pendant une année, la destitution.

Le garde des Sceaux, ministre de la Justice assure la surveillance générale des huissiers de justice. Il peut prononcer contre tout **huissier,** après l'avoir entendu, le rappel à l'ordre, la censure simple et la censure avec réprimande.

[33] Le texte du serment à prononcer figure à l'article 14 du décret 60-310 précité.

Pour les peines plus graves telles que la suspension ou la destitution, le ministre de la Justice, après avoir entendu la version de l'**huissier** en cause, fait les propositions qu'il estime nécessaires au président de la République qui décide par décret après examen du dossier.

§III — Les notaires

Comme l'avocat, le **notaire** exerce un des métiers de droit qui collaborent avec la justice, particulièrement avec les juridictions. Comme l'huissier, il est un officier public chargé d'émettre des actes juridiques dits actes notariés.

La profession de **notaire** est actuellement très répandue. Elle existe dans tous les continents particulièrement en Europe, en Amérique du Nord (Québec), en Afrique (pays francophones), en Asie. Dans les pays anglo-saxons (Common Law) et dans les pays scandinaves (Danemark Finlande, Islande), la fonction de notaire est réduite à assurer la préparation des documents destinés à être utilisés dans d'autres pays du monde. Ils ne sont d'ailleurs pas exécutoires faute d'être des documents authentiques.

La fonction de **notaire** est d'origine très ancienne, même si elle est de création récente dans les pays d'Europe, d'Afrique et d'Asie.

I. L'évolution historique de la fonction de notaire

La fonction de **notaire** plonge ses racines dans un très lointain passé. Le **notaire** officiait déjà à l'époque romaine. Il existait à cette époque des officiers publics appelés « **les notarii** » dont le rôle était de rédiger des actes originaux qui étaient transcrits sur des tablettes « **les tabularii** ». Des copies authentiques rédigées en grosses lettres sont remises aux parties. Il existait ainsi une distinction entre le **notaire,** qui rédige les minutes et le « **tabellion** » qui établit des copies authentiques. Cette distinction a prévalu jusqu'au Moyen Âge. Ce sont les « capitulaires » de Charlemagne qui ont en 803 et 805 unifié l'institution notariale et l'ont rattachée directement aux juridictions.

L'institution notariale s'est développée à partir de 1302 et s'est étendue à l'ensemble du royaume de France. Des réformes profondes ont été entreprises par les révolutionnaires de 1789 qui l'ont entièrement transformée : suppression de la vénalité et de l'hérédité des offices de notaire (loi du 6 octobre 1791), élaboration et mise en œuvre d'un code du notariat (loi 16 mars 1803), création de nouvelles institutions (chambres départementales, conseils régionaux, Conseil supérieur du notariat. La réglementation notariée est ainsi née.

II. La réglementation de la fonction de notaire

Le notaire, comme l'huissier, exerce une profession réglementée. C'est l'objet du décret n° 60-308 du 3 septembre 1960 modifié, portant statut des notaires. Ce texte définit la mission des notaires, les conditions d'accès à la profession ainsi que les droits et obligations des notaires.

A. La mission du notaire

Les notaires exercent une fonction libérale. Aux termes de l'article 1er du décret 60-308 précité, *« les notaires sont des officiers publics institués pour recevoir tous les actes auxquels les parties doivent ou veuillent faire donner le caractère d'authenticité attachée aux actes et contrats, d'en conserver le dépôt et d'en délivrer des grosses, expéditions et extraits »*. Il résulte de cette définition de la fonction notariale que le **notaire** est fortement impliqué dans la vie économique, sociale et juridique des citoyens. Sa fonction est essentielle au bon fonctionnement de l'administration de la justice en raison particulièrement des renseignements qu'elle véhicule et sur lesquels sont fondées en grande partie les décisions de justice, surtout en matière de droit civil. Il est donc essentiel que la fonction de **notaire** soit exercée par des personnalités d'envergure très qualifiées. Les conditions d'accès à la fonction ont été organisées pour répondre à une telle exigence fondamentale.

B. Conditions d'accès à la profession de notaire

Les conditions d'accès à la profession de **notaire** ont varié dans le temps. Mais depuis la suppression de la vénalité des offices par la Révolution de 1789, l'accès à la profession de notaire est réglementé. Les critères d'accès à la profession exigés aujourd'hui sont : la possession de la nationalité sénégalaise, le diplôme de maîtrise ès sciences juridiques (droit privé). Il faut être âgé de vingt-cinq ans au moins et avoir effectué un stage professionnel dans une étude notariale. En ce qui concerne la durée du stage, elle est fixée à six ans en général. Mais elle peut être réduite dans deux cas :

Premier cas : les candidats titulaires d'un diplôme de docteur en droit ou titulaires d'un diplôme d'une école de notariat habilitée à délivrer un tel diplôme.

Deuxième cas : peuvent être admis directement à exercer la fonction avec dispense de stage :

1- les magistrats de cours d'appel et tribunaux civils munis du diplôme de maîtrise en droit, les avocats, les receveurs et les agents supérieurs de l'administration de l'enregistrement, s'ils comptent dix années d'activités, dont cinq sur le territoire du Sénégal ;

2- les greffiers en chef des cours et tribunaux civils non pourvus de maîtrise en droit, s'ils justifient de douze années au moins d'exercice de leurs fonctions, dont cinq sur le territoire du Sénégal.

L'article 76 du décret n° 60-308 du 3 septembre 1960 modifié fixant le statut des notaires prévoit en outre que le candidat aux fonctions de notaire doit jouir d'une bonne moralité. Dans ce cadre, il doit présenter une requête au garde des Sceaux, ministre de la Justice pour l'autoriser à se présenter devant la cour d'appel. Le président de cette cour désigne alors parmi les conseillers un rapporteur qui est chargé de recueillir des renseignements sur le comportement du **candidat-notaire**. Un extrait de la requête est affiché pendant un mois avec le nom du rapporteur tant dans l'auditoire de la cour d'appel que dans celui du tribunal dans le ressort duquel le postulant doit exercer. Il est inséré à trois reprises dans le journal officiel de la République du Sénégal. Le rapporteur présente ensuite son rapport devant une commission composée du premier président de la cour d'appel, du procureur général et de l'avocat général le plus ancien. Après examen des dossiers, interrogations et questions écrites relatives aux connaissances professionnelles résultant, d'une part, du droit musulman et, d'autre part, du régime foncier en vigueur, la commission établit une liste par ordre de mérite des candidats aux fonctions de **notaire**.

La cour d'appel, réunie en assemblée générale, choisit après délibération trois candidats parmi ceux présentés par la commission. La liste des candidats retenus est envoyée au garde des Sceaux, ministre de la Justice qui la transmet avec son avis au président de la République. Les notaires nommés par décret[34] sont soumis aux obligations et contraintes liées à l'exercice de la fonction.

C. Droits et devoirs des notaires

Il convient de distinguer les obligations d'ordre statutaire et les obligations liées à l'exercice de la fonction de notaire.

1. Les obligations d'ordre statutaire

Le notaire est un officier public. Sa fonction est incompatible avec celle de membre de la cour d'appel et des tri-

---

[34] Indépendamment des officiers existants qu'il faut pourvoir en cas de vacances de titulaire, le garde des Sceaux, ministre de la Justice peut créer de nouvelles charges par arrêté ministériel après avis de la cour d'appel réunie en assemblée générale et des notaires en exercice dans le ressort concerné.

bunaux. Il en est ainsi de la fonction d'avocat, d'huissier de justice, de commissaire-priseur, de préposé à la recette des contributions directes, de fonctionnaire de diverses administrations publiques.

Les notaires sont nommés par décret du président de la République à vie. Ils peuvent cependant être destitués par décret sur proposition du garde des Sceaux, ministre de la Justice. Ils peuvent également être remplacés lorsqu'ils se trouvent « dans l'impossibilité » d'exercer leurs fonctions par suite de maladie ou blessure ou infirmité dûment établies[35]. Une commission spéciale présidée par le procureur général ou son délégué et comprenant le chef de service de l'enregistrement, un médecin désigné par le ministre de la Justice et deux notaires choisis parmi les deux plus anciens présents dans la république, est invitée à donner son avis.

2. Les obligations liées à l'exercice de la profession de notaire

Elles sont nombreuses. Elles comprennent les obligations avant l'entrée en fonction et les obligations en cours d'exercice.

a. Les obligations avant l'entrée en fonction

Les **notaires** nouvellement nommés par décret du président de la République sont soumis à deux obligations principales : la prestation de serment et le dépôt d'un cautionnement.

1- La prestation de serment : la prestation de serment s'impose à tout **notaire** avant son entrée en fonction. Elle doit nécessairement intervenir sous peine de déchéance à l'occasion d'une audience de la cour d'appel à laquelle une ampliation de l'acte de nomination aura été notifiée. Le

[35] Les notaires ne peuvent pas présenter de successeurs à l'agrément du président de la République.

notaire postulant *« jure de remplir ses fonctions avec exactitude et probité ».* Cette prestation de serment ne peut cependant intervenir qu'en possession de la quittance de versement du cautionnement.

2- Le cautionnement : les notaires sont soumis avant leur entrée en fonction au versement d'une caution destinée à garantir des condamnations qui peuvent éventuellement être prononcées contre eux pour des fautes commises dans l'exercice de leurs fonctions. Le cautionnement est déposé au compte des capitaux de cautionnement inscrit dans les comptes du Trésor. La caution est constituée en espèces ou en titres nominatifs ou garantis de l'État. Un contrôle du cautionnement des notaires est effectué périodiquement par le procureur général près la cour d'appel.

b. Les obligations dans l'exercice de la fonction de notaire

Les obligations auxquelles sont soumis les notaires durant l'exercice de leur fonction comprennent : l'obligation de résidence, la tenue de la comptabilité et des livres professionnels et la soumission au régime disciplinaire des notaires.

1- **L'obligation de résidence** : cette obligation est édictée par l'article 4 du décret 60-308 du 3 septembre 1960. Aux termes de cet article, « *chaque notaire doit résider dans le lieu qui lui est fixé par le décret qui le nomme et dont l'ampliation est notifiée au procureur général près la cour d'appel* ». L'article précité prévoit dans son alinéa second que *le « notaire qui ne réside pas dans le lieu qui lui a été fixé par le texte qui l'a nommé est considéré comme démissionnaire ».* Il revient au procureur général, dans ce cas, de recueillir l'avis de la cour d'appel et de proposer son remplacement.

2- **L'obligation de tenue de la comptabilité et des livres du notaire :** tous les notaires sont soumis à l'exigence de la tenue d'une comptabilité destinée à retracer les recettes et les dépenses de toute nature effectuées pour le compte des clients. Les **notaires** sont également soumis à l'obligation de tenir les livres suivants : livre-journal, registre de frais d'actes, grand-livre, livre de dépôt de titres et valeurs (modèle en vigueur) :

- **le livre-journal** : il mentionne jour pour jour[36] les noms des parties, les sommes dont le notaire est détenteur et leurs destinations ainsi que les recettes de toute nature et les sorties de fonds ;

- **le registre d'études :** il enregistre les frais d'actes. Il contient les reçus sous le nom du client débiteur, le détail des frais et honoraires dus pour chaque acte ;

- **le livre de dépôts de titres et valeurs :** il mentionne jour par jour[37] les entrées et sorties de titres et valeurs (porteur ou nominatif) avec indication du nom de chaque client, de leurs numéros et matricules (art. 42 du décret).

Le procureur général près la cour d'appel assure la vérification de la comptabilité des notaires ainsi que la situation du compte de la caisse de dépôts au Trésor. Il peut déléguer cette vérification à ses substituts et aux procureurs de la République. Chaque étude de notaire doit être soumise à cette vérification au moins une fois par an.

3- **Régime disciplinaire des notaires : les notaires** sont soumis à un régime disciplinaire rigoureux.

Les contraventions aux prohibitions ainsi que les infractions commises par **les notaires** sont poursuivies par le procureur général près la cour d'appel. Les poursuites judiciaires peuvent se traduire par des amendes et des dommages et intérêts qui sont portés devant le tribunal de grande instance du lieu où le **notaire** exerce son ministère. S'agissant des peines disciplinaires encourues, elles vont du

---

36 Ordre de dates sans blanc ni transport de marge.

37 Par ordre de dates sans blanc, lacune et transport en marge.

rappel à l'ordre, de la censure simple, de la censure avec réprimande, de la suspension ou remplacement pour défaut de résidence à la destitution. Le procureur général adresse au garde de Sceaux, ministre de la Justice les propositions qu'il juge appropriées après avis de la cour d'appel. Le ministre de la Justice prononce la sanction par arrêté ministériel.

§IV — Les greffiers

Comme les notaires et les huissiers, les **greffiers en chef** sont des officiers ministériels publics titulaires de charges. Leur particularité réside dans le fait d'être également des fonctionnaires.

I. Le greffier en chef, officier ministériel public

En leur qualité d'officiers ministériels publics, **les greffiers en chef** sont chargés d'authentifier les actes des magistrats auprès de qui ils sont placés ou des juridictions dont ils font partie. Les actes qu'ils accomplissent à ce titre font foi jusqu'à inscription de faux.

Au sein des juridictions, les **greffiers en chef** ont la responsabilité de conserver les minutes des jugements des procès-verbaux. Ils en délivrent expédition aux particuliers qui le demandent. Ils peuvent également être chargés de recueillir certaines déclarations des parties aux procès : déclarations d'appel, de pourvoi en matière pénale, renonciations aux successions, déclarations de surenchère en matière de saisies. Sur le plan de l'état des personnes, ils sont dépositaires du double des registres d'état civil ainsi que des bulletins de casier judiciaire.

Mais le **greffier en chef** n'est pas seulement officier public et officier ministériel, il est également fonctionnaire de l'État.

II. Le greffier en chef, fonctionnaire de l'État

Il est important de le souligner, le **greffier en chef** est un fonctionnaire de l'État. Il est recruté et rémunéré par celui-ci qui l'affecte dans les juridictions où il officie. Il perçoit à la fois les taxes pour les actes qu'il délivre au public et un traitement de l'État. C'est naturellement une position privilégiée très convoitée.

Dans l'exercice de leurs fonctions, **les greffiers en chef** sont assistés par les greffiers et les secrétaires des greffes et parquets qui sont eux aussi des fonctionnaires. À côté d'eux, il existe une multitude d'agents recrutés et rémunérés par les **greffiers en chef.**

Contrairement aux huissiers et notaires, les **greffiers en chef** ne sont pas constitués en corporation. Ils sont soumis du point de vue disciplinaire aux juridictions où ils servent.

Les greffiers en chef sont de la hiérarchie B de la fonction publique nationale. Jusqu'à une période récente, il n'existait pas chez les greffiers des tribunaux de cadres d'une hiérarchie supérieure. Un nouveau corps de la hiérarchie A vient d'être créé pour combler cette lacune. Il s'agit du corps des administrateurs de greffes.

Les **administrateurs de greffes** sont formés au Centre national de formation judiciaire où les élèves administrateurs constituent une section spéciale qui assure également la formation des greffiers. Les élèves administrateurs sont recrutés par concours direct et par concours professionnel. Les candidats au concours direct doivent être titulaires d'une maîtrise ès sciences juridiques et remplir les conditions d'accès à la fonction publique. Pour les candidats au concours professionnel, ils doivent être des greffiers âgés de 55 ans au plus.

§V — Les commissaires-priseurs

Les commissaires-priseurs ont la même origine historique que les huissiers. La séparation entre les deux fonctions s'est faite au gré des circonstances politiques et historiques. Comme l'huissier, le **commissaire-priseur** est un officier ministériel, titulaire d'une charge. Celle-ci est créée par décret du président de la République sur proposition du garde des Sceaux, ministre de la Justice. Aux termes du décret 60-307 du 3 septembre 1960 modifié, *« les* ***commissaires-priseurs*** *sont chargés de procéder, exclusivement dans leur ressort, aux estimations et ventes publiques aux enchères de tous meubles, effets mobiliers et marchandises et des bâtiments de mer ou de rivières ».* Comme tous les autres officiers ministériels, les **commissaires-priseurs** sont soumis à certaines obligations et contraintes. Les conditions d'accès à la profession sont également déterminées.

I. Les conditions d'accès à la fonction de commissaire-priseur

Les conditions à remplir par les candidats à la profession de **commissaire-priseur** sont ainsi définies : être de nationalité sénégalaise, être âgé de 25 ans au moins, justifier de sa moralité et avoir subi un examen professionnel devant un magistrat désigné par le ministre de la Justice. Le candidat commissaire-priseur doit adresser un dossier au garde des Sceaux, ministre de la Justice qui, après étude, et s'il le juge nécessaire, le transmet au président de la République.

II. Les obligations professionnelles : elles comprennent :

A. L'obligation de prestation de serment

Le commissaire-priseur nommé doit impérativement prêter serment avant d'entrer en fonction. La prestation de serment a lieu devant le tribunal de sa résidence. Le serment est ainsi formulé : « *Je jure de me conformer aux lois et règlements concernant mon ministère et de remplir mes fonctions avec exactitude et probité* ».

B. L'obligation de versement d'une caution

Le versement de la caution doit intervenir avant la prestation de serment. Le versement de la caution se fait à la caisse des dépôts et consignations.

C. L'obligation de résidence

Le **commissaire-priseur** doit obligatoirement résider dans le ressort du tribunal auprès duquel il est nommé. Le commissaire-priseur qui s'absente du territoire national doit recevoir l'autorisation du garde des Sceaux, ministre de la Justice qui fixe la durée de l'absence. Celle-ci ne peut dépasser une année au-delà de laquelle le **commissaire-priseur** concerné est considéré comme démissionnaire. C'est au président de la juridiction de pourvoir par ordonnance au remplacement du commissaire-priseur par le greffier du tribunal de grande instance ou à défaut, par un huissier.

D. L'obligation de la tenue d'un répertoire

Tout **commissaire-priseur** est soumis à l'obligation de tenir un répertoire. Il inscrit jour après jour, sans blanc, interligne ou omission, intercalaire ou transposition et par ordre de numéros tout objet qui lui est remis pour être vendu aux enchères publiques ainsi que leurs procès-verbaux de vente. Le registre ouvert doit mentionner le numéro d'ordre, la date du dépôt, la désignation de l'objet, les noms et prénoms et le domicile du déposant, la date du procès-verbal de la vente et celle de son enregistrement, du retrait des objets signés par le déposant. Le répertoire est coté et paraphé par le président de la juridiction. Il est soumis trimestriellement au visa du procureur de la République. Une expédition est déposée avant le 15 janvier au greffe du tribunal de grande instance.

§VI — Les experts

Contrairement aux notaires et huissiers, **les experts agréés** n'ont pas la qualité « d'officier ministériel ». Ce sont des techniciens *« versés dans la connaissance d'un service, d'un art ou d'un métier qui en leur nom propre et sous leur responsabilité font de l'expertise »*[38]. Le rôle des **experts** est de faire *« rapport dans les contestations auxquelles peuvent donner lieu les questions intéressant sa spécialité technique »*[39].

Les experts agréés sont regroupés dans deux ordres d'experts : l'ordre national des experts agréés et l'ordre national des experts-comptables. Une telle distinction entre experts est relativement récente. Sous l'empire de la loi 64-05 du 24 janvier 1964, il n'existait qu'un seul ordre **des experts agréés**. C'est compte tenu de la spécificité de la fonction d'expert-comptable qu'un ordre particulier a été créé. S'agissant de l'ordre des experts agréés tel que conçu aujourd'hui, on distingue les spécialités suivantes : l'expertise fiscale, l'expertise automobile et industrielle, l'expertise commerciale, l'expertise maritime, l'expertise immobilière et l'expertise incendie.

I. Obligations de l'expert

Les obligations de l'expert sont : l'obligation d'être inscrit sur le tableau de l'ordre des experts, l'obligation du secret professionnel et l'obligation de prestation de serment.

---

[38] Article 4 de la loi 64-05 du 24 janvier 1964 instituant un ordre des experts agréés.

[39] Article 5 de la loi 64-05.

A. L'obligation de l'inscription au tableau de l'ordre des experts

Les experts agréés ont l'obligation d'être inscrits au tableau des experts pour exercer la profession. C'est le Conseil de l'ordre qui autorise cette inscription après accomplissement des conditions de diplôme ou de capacité exigées[40]. Les actes pris par cet organisme sont susceptibles de recours pour excès de pouvoir devant la Cour suprême.

B. L'obligation du secret professionnel

L'expert agréé est soumis à l'obligation du secret professionnel. Il ne peut en être dispensé qu'en cas d'information ouverte contre lui ou de poursuites engagées à son encontre par l'autorité publique ou dans les actions intentées devant le Conseil de l'ordre.

C. L'obligation de prestation de serment

Les experts agréés prêtent serment devant la cour d'appel lors de leur inscription sur la liste des experts agréés. *« Ils jurent d'accomplir leur mission de faire leur rapport et donner leur avis en leur honneur et conscience »*. La prestation de serment peut également s'effectuer par écrit. La prestation de serment est faite une seule fois. Toutefois, elle se fera pour l'expert non inscrit sur la liste, chaque fois qu'il est commis devant le juge d'instruction ou la juridiction qui l'a commis.

II. Organisation et fonctionnement de l'ordre des experts agréés

L'ordre national des experts est une personnalité morale civile. Il *« regroupe tous les professionnels habilités à exercer la profession d'expert. Sa mission est infiniment vaste. Il est chargé notamment de la défense de l'honneur, de l'indépendance et des intérêts moraux et matériels de ses*

---

[40] Après avis du procureur général et publication au journal officiel.

membres ». L'ordre national est habilité à présenter aux pouvoirs publics et aux autorités de l'État toutes les demandes relatives à la profession d'expert agréé. Il peut dans le même temps recevoir de ces autorités toutes directives, informations concernant la profession d'expert. Par ailleurs, l'ordre national peut s'occuper de toutes questions cernant les entraides dans le cadre de la solidarité professionnelle.

Le **Conseil national de l'ordre** assure le bon fonctionnement de l'ordre en établissant un code de déontologie professionnelle ainsi qu'un règlement intérieur. Il fixe le montant des cotisations à verser par chaque membre. Il contribue au perfectionnement professionnel des membres ainsi qu'à la préparation de l'accès à la profession d'expert agréé.

Le **Conseil national de l'ordre des experts agréés** est chargé de la discipline de ses membres. Il existe en son sein une formation disciplinaire présidée par un magistrat chargé des questions de discipline professionnelle.

*

* *

De ce qui précède se dégage le sentiment que le monde de la justice est peuplé de personnels cosmopolites, d'une diversité déroutante. Il y a d'abord ceux qui sont appelés à prendre des décisions essentiellement juridictionnelles. Ce sont les magistrats. Ils sont secondés par un nombre impressionnant de collaborateurs : greffiers, agents de l'administration pénitentiaire, auxiliaires de justice, agents techniques, etc. Ces personnels diversifiés jouent chacun un rôle déterminant dans le système de la justice. Dans un tel contexte, les problèmes soulevés par l'exercice de la justice revêtent non seulement une dimension institutionnelle, mais également une dimension politique et technique.

DEUXIÈME PARTIE

LA DIMENSION TECHNIQUE DE LA JUSTICE

Le dictionnaire le **Petit Robert** définit l'ordre technique comme « un ensemble de procédés employés pour produire une œuvre ou obtenir un résultat déterminé ». De tels procédés méthodiquement agencés, fondés sur des connaissances scientifiques certaines permettent d'assurer la production et la transformation de la nature. Appliqués à la justice, ils sont à l'origine de la distinction des organes et des institutions judiciaires, des procédures utilisées, des moyens d'intervention (humains, matériels, financiers) nécessaires à l'élaboration et à la mise en œuvre des décisions de justice. Ce sont les cours et tribunaux qui exercent l'action judiciaire. On les appelle, dans ce cadre, les juridictions. On retiendra cependant qu'ils ne revêtent cette qualité qu'en tant qu'ils assurent le pouvoir juridictionnel, c'est-à-dire lorsqu'ils prennent des actes revêtus de l'autorité juridictionnelle.

L'approche technique des problèmes de justice est essentielle pour comprendre et appréhender les méthodes, procédures et modalités de mise en œuvre de l'action judiciaire. L'ordre technique intègre en effet des éléments déterminants pour assurer l'effectivité de l'application des règles de droit : aménagement du dispositif judiciaire, management des ressources de justice (ressources naturelles, humaines et financières), formation des personnels de justice, contrôle des activités judiciaires (fonctionnement des différentes institutions judiciaires).

Par ailleurs, pour remplir leurs missions, les juridictions doivent disposer non seulement de moyens juridiques adéquats, mais également de personnels en nombre suffisant, hautement qualifiés sur le plan professionnel[41]. Ces personnels doivent ensuite avoir des connaissances approfondies en matière de procédures par lesquelles s'exerce l'action de justice. Le pouvoir judiciaire est ainsi revêtu de traits spécifiques tant sur le plan de ses méthodes et techniques d'intervention qu'en matière de gestion des ressources et du contrôle des activités judiciaires.

---

[41] Être capables d'adaptation aux règles et techniques du management moderne.

CHAPITRE 1

LES MÉTHODES ET TECHNIQUES JUDICIAIRES

Gaston Berger, auteur et philosophe très connu au Sénégal, a assimilé l'action de la **justice** à une pièce de théâtre. La **justice** incarne en effet, comme le théâtre, l'image de la vie avec ses contradictions, ses confrontations, ses confusions. Dans un tel contexte, les hommes n'ont pas toujours le choix. Ils doivent s'entendre ou s'opposer. Le rôle de la **justice** consiste, alors, à rechercher et à dégager, dans chacune des situations vécues, les éléments qui fondent un règlement juste des différends qui lui sont soumis. Mais contrairement au théâtre, le système judiciaire met en jeu la vie des gens, leur honneur, leurs intérêts matériels. Les conséquences des décisions de justice sont ainsi incalculables. Toute réflexion portant sur les méthodes et techniques du pouvoir judiciaire implique ainsi une connaissance approfondie des principes qui fondent l'action judiciaire.

SECTION 1 : LES PRINCIPES DIRECTEURS DE L'ACTION JUDICIAIRE

L'exercice du pouvoir judiciaire est régi par des principes qui conditionnent son bon fonctionnement. Ces principes constituent ce qu'on appelle *« la philosophie d'action »* du pouvoir. Ils sont le point de départ de la mise en mouvement des actions qui sont initiées soit par les parties, soit par le ministère public. Trois principes directeurs sont généralement retenus dans le cadre de la mise en œuvre de l'action judiciaire : le principe de la collégialité des juges, le principe du débat contradictoire et le principe de l'impartialité du juge.

§I — Le principe de la collégialité des juges

Le principe retenu par le législateur sénégalais en matière d'organisation judiciaire est **la collégialité des juges**. Ainsi le tribunal comprend plusieurs juges, en nombre impair, afin de permettre de dégager une majorité en cas de désaccord. Ce principe souffre cependant d'exceptions surtout au sein des juridictions de base.

Comme pour la plupart des règles qui régissent le fonctionnement de la justice sénégalaise, **le principe de la collégialité** est hérité du système français d'organisation judiciaire. Mais il n'est pas appliqué partout dans le monde. De nombreux pays ont en effet adopté la règle du juge unique même en procédure pénale. Au Sénégal, le principe de la collégialité des juges est strictement appliqué dans les cours (Cour suprême, cour d'appel, Haute Cour de justice, chambres criminelles), mais il n'en est pas de même dans les tribunaux d'instance où le principe du juge unique est appliqué en cas d'insuffisance de magistrats affectés à la juridiction.

§II — Le principe du débat contradictoire

Le principe du **débat contradictoire** signifie que la procédure judiciaire doit placer toutes les parties au procès sur le plan de stricte égalité. Celles-ci doivent jouir des mêmes droits et prérogatives. Le rôle du juge est, dans ce cadre, d'être un arbitre chargé d'appliquer la règle de droit. Le principe du débat contradictoire permet ainsi à toutes les parties de participer pleinement et sans aucune restriction au déroulement du procès judiciaire devant un juge indépendant.

§III — Le principe de l'impartialité du juge

Le rôle du juge dans la procédure judiciaire est de définir et de fixer les situations juridiques en cas de contentieux ou de contestations des justiciables. Sa fonction fondamentale est de rendre une justice égale pour tous. Le juge doit, par conséquent, taire ses sentiments personnels et statuer sans tenir compte de la qualité des plaideurs, qu'ils soient puissants ou misérables. Ses décisions doivent revêtir un caractère totalement juridictionnel. La loi que le juge est chargé d'appliquer ne peut ainsi varier selon le siège ou le lieu de la juridiction des faits. Elle doit être la même partout. Le juge doit ainsi apparaître comme un unique serviteur de la loi, indépendant de tous intérêts personnels, de toutes pressions des autorités publiques, quel que soit leur rang. L'indépendance du juge est renforcée par le principe selon lequel il ne peut, de sa propre initiative, se saisir d'une affaire quelconque. Au pénal, il est saisi par le ministère public, seul habilité à déclencher l'action publique. Au civil, ce sont les parties au procès qui dirigent la procédure en fournissant les moyens et les arguments destinés à soutenir leurs causes respectives.

SECTION 2 :
LE CADRE JURIDICTIONNEL DE L'ACTION JUDICIAIRE

Rendre la justice, c'est prendre des actes à caractère juridictionnel, c'est-à-dire des actes auxquels s'applique un régime juridique déterminé. En d'autres termes, les actes de justice sont revêtus de la *« force de la chose jugée »*. De tels actes sont pris par les juridictions.

Le dictionnaire le **Petit Robert** donne de la **juridiction** (en latin : juridictio) plusieurs significations : « pouvoir de rendre la justice », « de juger », « circonscription », « juridicature », « ressort », « siège ». Le même dictionnaire ajoute à cette liste déjà longue d'autres significations du mot « juridiction » : « compétence », « souveraineté absolue », « héréditaire », « gracieuse », « contentieuse ».

Dans le langage commun, « **juridiction** » signifie : organisme qui distribue la justice, qui prend des décisions juridictionnelles ; la juridiction n'existe que si certaines conditions sont remplies. **En premier lieu**, **la juridiction** doit disposer d'un personnel hautement qualifié et totalement indépendant. **En second lieu**, les décisions prises par la juridiction doivent être définitives et revêtir un caractère de décisions insusceptibles d'être remises en cause par le pouvoir politique. **En troisième lieu,** la décision juridictionnelle doit offrir aux justiciables les garanties de crédibilité et d'équité requises. Elle doit être capable de dégager la réalité des faits et la justesse des règles de droit applicables.

Au Sénégal, l'organisation judiciaire est articulée en fonction des buts poursuivis. On trouve ainsi une multitude d'organismes ayant une vocation juridictionnelle. Une distinction s'impose par conséquent entre elles.

§I — Distinction entre tribunaux de droit commun et tribunaux d'exception

La distinction entre les juridictions de droit commun et les juridictions d'exception est d'ordre traditionnel. Elle existe depuis l'accession du pays à l'indépendance. On relève cependant le développement accentué des juridictions d'exception par rapport aux juridictions de droit commun.

I. Les tribunaux de droit commun

Les tribunaux de droit commun constituent l'ossature centrale du système d'organisation judiciaire. Ce sont les tribunaux vers lesquels s'orientent généralement les demandeurs d'action de justice. Ils sont compétents en toutes matières, à l'exception de celles que la loi attribue à une juridiction déterminée.

Les tribunaux de droit commun distribuent aux justiciables la justice civile, pénale, commerciale et administrative. Leur organisation et les modalités de fonctionnement sont fixées par la loi organique relative à l'organisation judiciaire du pays. Dans l'ordre, on distingue, outre la Cour suprême, les cours d'appel, les tribunaux de grande instance et les tribunaux d'instance.

A. Les cours d'appel

Les cours d'appel sont juges d'appel des jugements rendus par les tribunaux de grande instance et les tribunaux du travail. Il existe actuellement au Sénégal quatre cours d'appel : la cour d'appel de Dakar, de Saint-Louis, de Kaolack et de Ziguinchor. **Les cours d'appel** sont compétentes en toutes matières. Leurs arrêts sont rendus par trois magistrats au moins. Elles sont articulées en plusieurs chambres : chambre civile, chambre criminelle, chambre sociale et chambre d'accusation.

B. Les tribunaux de grande instance

Récemment créés, **les tribunaux de grande instance** remplacent les tribunaux régionaux mis en place par la réforme judiciaire de 1984. Ils conservent généralement les mêmes compétences, c'est-à-dire qu'ils connaissent de toutes les matières (civiles, commerciales, administratives), à l'exception de celles que la loi a attribuées aux tribunaux d'instance.

C. Les tribunaux d'instance

Les tribunaux d'instance remplacent les anciens tribunaux départementaux. Les changements intervenus entrent dans le cadre des mesures prises par le gouvernement pour désengorger les tribunaux du premier degré, particulièrement ceux de la région de Dakar.

II. Les tribunaux d'exception

Contrairement aux tribunaux de droit commun qui exercent la plénitude de compétence, les **tribunaux d'exception** ne sont compétents que pour les matières que la loi leur attribue expressément.

En France, sous **l'ancien régime,** les tribunaux d'exception étaient très nombreux. Leur prolifération a rendu très complexe le système d'administration de la justice. Ils finirent par être supprimés par la Révolution de 1789. Leur résurrection au début du XXe siècle a correspondu avec l'apparition de nouveaux droits, ce qui a beaucoup contribué à rendre plus complexe le système d'organisation judiciaire. Dans les anciennes colonies françaises, les tribunaux d'exception étaient monnaie courante. Il existait en effet des tribunaux réservés aux Blancs, et des tribunaux réservés aux indigènes.

L'évolution de l'organisation judiciaire sénégalaise a laissé apparaître l'existence de nombreuses juridictions d'exception créées au gré des circonstances politiques. Outre la Haute Cour de justice, juridiction politique essentiellement, on trouve les tribunaux du travail, la Cour de discipline financière, les tribunaux ordinaires à formation spéciale (justice militaire, la Cour de répression de l'enrichissement illicite).

A. Les tribunaux du travail

Leur existence est très ancienne. Ils furent créés en effet par la loi 61-34 du 15 juin 1961, c'est-à-dire dès les premiers jours de l'indépendance du pays (1960). Aux termes de l'article 201 de la loi précitée, **les tribunaux du travail** *« connaissent des différends individuels pouvant s'élever entre les travailleurs et leurs employeurs à l'occasion de contrat de travail, du contrat apprentissage, des conventions collectives des conditions de travail, d'hygiène et de sécurité, du régime de sécurité sociale »*. **Les tribunaux du**

travail sont également compétents pour les « *différends nés entre travailleurs et entre employeurs à l'occasion du travail, ainsi qu'entre les institutions obligatoires de sécurité sociale leurs bénéficiaires et les assujettis à l'occasion de l'application du régime de sécurité sociale* ».

Les tribunaux du travail sont institués par décret. Le texte détermine, pour chaque tribunal, son siège, sa compétence territoriale, et sa subdivision en sections professionnelles lorsque la structure du marché du travail le justifie. **Les tribunaux du travail** comprennent un magistrat-président choisi par le garde des Sceaux, ministre de la Justice, deux assesseurs-employeurs et deux assesseurs-travailleurs pris parmi « *ceux figurant sur les listes établies par les organisations syndicales les plus représentatives* ». Le mandat d'assesseur dure un an. Il est renouvelable. Les assesseurs prêtent serment avant leur prise de fonction devant le tribunal de grande instance[42]. Les jugements du tribunal du travail sont pris à la majorité relative des membres présents.

B. La Cour de discipline financière

Créée par la loi 63-20 du 5 février 1963, la Cour de discipline budgétaire, à laquelle a succédé la Cour de discipline financière[43], a pour but de sanctionner les fautes de gestion commises à l'égard de l'État et des collectivités publiques. Elle a été intégrée dans les structures de la Cour des comptes par la loi organique 99-70 du 17 février 1999. Elle est désormais assimilée à une chambre de ladite Cour. La Cour de discipline financière comprend un président, deux conseillers maîtres et deux conseillers référendaires. Elle n'est plus permanente comme l'ancienne Cour de discipline budgétaire.

---

[42] Le serment est le suivant : « Je jure de remplir mes devoirs avec zèle et intégrité et de garder le secret des délibérations ».

[43] Loi organique 99-70 du 17 février 1999.

La Cour de discipline financière a une compétence très large. « *Elle peut juger toute personne investie, d'un mandat public ou assimilé ayant enfreint l'obligation de respect et de sauvegarde du bien public* »[44]. Seuls le président de la République, le Premier ministre et les membres du gouvernement échappent à la compétence de la Cour de discipline financière[45].

C. Les juridictions ordinaires à formation spéciale

Les **juridictions ordinaires à formation spéciale** sont compétentes pour juger les infractions commises par les **militaires** dans les casernes, quartiers, établissements militaires, chez l'hôte, ainsi que les infractions prévues par les statuts des personnels paramilitaires (police, douane, eaux et forêts, service d'hygiène).

Les juridictions ordinaires à formation spéciale ont été créées au Sénégal par la loi 63-21 du 3 février 1963 qui a abrogé et remplacé le titre premier du code militaire. Aux termes de l'article 1er de la loi précitée, « *en temps de paix, la justice militaire est rendue par les **juridictions ordinaires à formation spéciale** suivant les règles du code de procédure pénale sous réserve des dispositions qui suivent* ».

- **Pour les contraventions et les délits** : c'est le tribunal de grande instance qui est compétent pour juger les hommes de troupe, les sous-officiers et les officiers jusqu'au grade de lieutenant-colonel. Pour les jugements des lieutenants-colonels, des colonels et des généraux, c'est la cour d'appel de Dakar qui est compétente ;

- **pour les crimes** : c'est la chambre criminelle du tribunal de grande instance de Dakar qui est compétente.

---

44 Article 48 de la loi organique 99-70 du 17 février 1999.

45 Ils sont soumis à la juridiction de la Haute Cour de justice.

Les juridictions ordinaires à formation spéciale appliquent les peines de droit commun : peines criminelles, peines correctionnelles et peines de police. Elles peuvent infliger des peines accessoires ou complémentaires : destitution, perte de grade, interdictions prévues par le Code pénal.

D. La Cour de répression de l'enrichissement illicite

La Cour de répression de l'enrichissement illicite a été créée par la loi 81-54 dans le cadre de la moralisation de la vie publique et de la modernisation de l'État. Elle renforce la répression des atteintes contre les intérêts économiques du pays.

La Cour de répression contre l'enrichissement illicite a compétence sur l'ensemble du territoire national. Sa vocation est de réprimer l'enrichissement illicite ainsi que tout délit de corruption ou recel connexe. Elle comprend trois organes : la Cour proprement dite, la commission d'instruction et le parquet.

1. Le parquet

Il est représenté par **le procureur spécial** et son substitut. Tous deux sont des magistrats professionnels, nommés par décret. Saisi par une plainte ou par un rapport administratif, **le procureur spécial** peut, après, enquête soit classer l'affaire, soit saisir la commission d'instruction.

2. La commission d'instruction

Elle est saisie par **le procureur spécial.** Elle entreprend les enquêtes nécessaires. Elle peut se déplacer en tout lieu sur l'ensemble du territoire national. À la fin de sa mission, elle délivre soit le non-lieu, soit le renvoi devant la Cour.

3. La Cour de répression de l'enrichissement illicite

Elle est constituée de cinq magistrats, un président et quatre juges. Les membres sont nommés par décret. Pour chacun des membres, il est désigné un suppléant à l'exception du président qui est remplacé, en cas d'empêchement, par le magistrat de la cour le plus ancien dans le grade le plus élevé. Les jugements de la Cour ne sont pas susceptibles d'appel. Toutefois, ils peuvent faire l'objet de recours devant la Cour suprême.

§II — Distinction entre juridictions de droit privé et juridictions de droit pénal

La distinction entre juridictions de droit privé et juridictions de droit pénal est d'origine ancienne. Elle repose sur un principe fondamental qui sépare en droit judiciaire les infractions essentiellement civiles (entre particuliers) et les infractions qui mettent en cause les intérêts de la société dans sa globalité. Les deux régimes ont à la fois des points de divergence et de convergence qu'il convient d'expliciter dès le début.

I. Les points de différenciation entre les deux formes de juridiction

Les points de différenciation entre la justice civile et la justice pénale résident principalement sur l'appellation des juridictions, les buts poursuivis et sur le droit et les procédures applicables.

A. Les buts poursuivis

La justice civile et la justice pénale se différencient, également, dans les buts poursuivis :

- **pour la justice civile** : il s'agit d'assurer la protection des intérêts et des droits des particuliers. Les tribunaux civils connaissent ainsi de tous les litiges mettant en jeu une question de droit civil au sens très large. Le vocable « **droit civil** » comprend les règles du code des obligations civiles et commerciales, le code du travail et de la sécurité sociale, de la famille.

- **pour La justice pénale** : elle est chargée d'appliquer aux auteurs d'infractions (crimes, délits, contraventions) les sanctions prévues par la loi. En droit pénal, les textes fondamentaux sont le code pénal, le code de procédure pénale, le code de justice militaire et les différents codes qui contiennent des dispositions d'ordre pénal.

B. L'administration des preuves

La différenciation entre justice civile et justice pénale est très marquée en matière d'administration des preuves. Dans le cadre du procès civil, le juge apprécie davantage la matérialité et la légalité des preuves présentées par les parties. Dans le domaine pénal en revanche ce qui compte pour le juge, c'est son intime « conviction ».

C. La place et le rôle du ministère public

L'importance du rôle du ministère public n'est pas la même dans les deux catégories de justice (civile et pénale). Alors qu'en matière civile son rôle se borne à donner son avis et à faire des conclusions, le ministère public est la clé de voûte du procès pénal. En sa qualité de représentant de l'État et de défenseur de la société, il est partie prenante au procès pénal. Il engage l'action publique et accomplit tous les actes nécessaires au bon déroulement du procès. Il est, en d'autres termes, le maître des poursuites en matière pénale.

La différenciation entretenue entre les affaires civiles et les affaires pénales n'empêche pas cependant l'existence de nombreux points de convergence entre elles.

II. Les points de convergence entre affaires civiles et affaires pénales

Les points de convergence entre affaires civiles et affaires pénales se trouvent dans des domaines particulièrement importants : il y a d'abord que les juridictions civiles et pénales se servent des mêmes personnels. Ainsi, un magistrat peut servir aussi bien au siège qu'au parquet. Tous les magistrats ont en effet la même origine et le même statut. Il y a ensuite que ce sont les mêmes juridictions qui exercent aussi bien la justice civile que la justice pénale. La différenciation est d'ordre interne. Ce sont des chambres spécialisées qui assurent l'une ou l'autre justice. On trouve ainsi tant au sein des cours que des tribunaux d'une certaine importance des chambres civiles, correctionnelles, criminelles. Leurs différenciations ne sont marquées que par les procédures suivies et le mécanisme de mise en œuvre.

§III — Distinction entre juridictions d'instruction et juridictions de jugement

La distinction concerne plus la justice pénale que la justice civile. La juridiction d'instruction en matière pénale a pour vocation de préparer les tâches des juridictions de jugement en réunissant les éléments de preuves nécessaires permettant à ces derniers de juger en toute connaissance.

I. Les juridictions d'instruction

Les juridictions d'instruction interviennent quand la loi le prescrit, notamment dans le cas de crime et de délit ou lorsque l'affaire présente un certain degré de complexité. La juridiction d'instruction existe tant dans les juridictions de droit commun que dans celles d'exception. Elles comprennent généralement le juge d'instruction au premier degré de juridiction, la chambre d'accusation au sein de la cour d'appel et la commission d'instruction dans la Haute

Cour de justice et la Cour de répression de l'enrichissement illicite.

A. Les juridictions d'instruction de droit commun

1. Le juge d'instruction

Personnage de légende, **le juge d'instruction** est compétent en toutes matières ; crimes, délits, contraventions. Il est placé au premier degré de la juridiction de droit commun. Il est délégué dans ses fonctions par décret après avis du Conseil supérieur de la Magistrature. Il est assisté dans l'exercice de ses fonctions par un greffier. Le ministère public est représenté auprès de lui par le procureur de la République et ses substituts. Les interventions du **juge d'instruction** sont rigoureusement encadrées. Il ne peut agir que si certaines conditions sont remplies : **premièrement,** quand l'infraction a été commise dans son ressort, **deuxièmement,** quand l'auteur présumé de l'infraction réside ou a été arrêté à l'intérieur de celui-ci. Pour agir, le **juge d'instruction** doit être saisi par un réquisitoire introductif du procureur de la République ou par la constitution de partie civile d'une victime. Dans ces deux cas, **le juge d'instruction** procède à la recherche de toute information lui permettant d'établir la vérité. Il doit être neutre par rapport aux parties en cause (inculpé, partie civile, ministère public). Dans le cadre de ses enquêtes, **le juge d'instruction** est *« investi à cette fin des pouvoirs les plus étendus »*. Il peut ainsi entreprendre tous les actes qu'il juge nécessaires à l'exécution de la mission dont il est investi à l'égard des inculpés. Il possède tous les moyens de coercition à l'égard des coupables : décerner contre les auteurs d'infractions un mandat de dépôt. Il peut aussi prendre des décisions à caractère juridictionnel qui portent l'appellation de « ordonnance ». Les ordonnances du **juge d'instruction** sont susceptibles d'appel devant la chambre d'accusation de la cour d'appel : ordonnance accordant ou rejetant une demande de mise en liberté provisoire, ordonnance portant sur la clôture de l'instruction, ordonnance de renvoi devant la juridiction de jugement, etc.

Le juge d'instruction peut cesser d'être compétent dans certaines affaires : délits ou crimes commis par le président de la République, le premier ministre, les ministres qui sont justiciables de la Haute Cour de justice, les magistrats ou certains hauts fonctionnaires dans l'exercice de leurs fonctions (jugés par la Cour suprême).

2. La chambre d'accusation

La **chambre d'accusation** est la juridiction d'instruction du deuxième degré. Elle est instituée au sein de la cour d'appel. Elle est la chambre d'appel des décisions prises par le juge d'instruction. Elle est investie du pouvoir de contrôle sur toutes les affaires criminelles, est composée d'un magistrat président et de deux conseillers de la cour d'appel. La chambre d'accusation se prononce sur tous les appels formés contre les ordonnances juridictionnelles prises par les juges d'instruction. Les parties au procès pénal ne peuvent la saisir que dans des cas limitativement fixés par la loi. La procédure suivie devant la chambre d'accusation est contradictoire. Les parties sont informées des actes qu'elles éditent. Elles peuvent être appelées à comparaître devant elle.

Dans l'exercice de ses fonctions, la **chambre d'accusation** veille à la régularité des procédures, c'est-à-dire au respect des dispositions légales en matière de procédure pénale. Elle peut ainsi confirmer ou infirmer les ordonnances rendues par un juge d'instruction. Si l'acte du juge d'instruction est confirmé, la **chambre d'accusation** renvoie celui-ci au magistrat instructeur. Si l'ordonnance du magistrat instructeur est infirmée, la chambre pourra évoquer l'affaire et procéder elle-même à l'information.

La **chambre d'accusation** exerce un contrôle sur tous les cabinets d'instruction du ressort de la cour d'appel. Il lui est cependant interdit de s'immiscer dans le fond des affaires. Son rôle se borne à s'assurer que les affaires sont suivies avec la célérité nécessaire.

B. Les juridictions d'instruction d'exception

Il existe des juridictions d'instruction d'exception à côté des juridictions d'exception. Il s'agit généralement de commissions d'instruction instituées pour préparer le travail des cours et tribunaux d'exception. Il en existe ainsi au sein de la Haute Cour de justice et de la Cour de répression de l'enrichissement illicite

1. La Commission d'instruction de la Haute Cour de justice

Il est créé au sein de la haute cour de justice une commission d'instruction présidée par le premier président de la cour d'appel de Dakar. Celui-ci est suppléé en cas d'empêchement par le président de la chambre d'accusation de ladite cour.

La Commission d'instruction de la Haute Cour est composée de quatre magistrats titulaires et de quatre magistrats suppléants désignés parmi les magistrats du siège de la cour d'appel de Dakar par l'assemblée générale de cette formation[46]. Le ministère public est assuré par le procureur général près la Cour suprême suppléé par le premier avocat général en cas d'empêchement de celui-ci.

Le président et la commission peuvent entreprendre tous les actes d'instruction qu'ils jugent nécessaires pour la manifestation de la vérité. Lorsque la procédure d'instruction est terminée, la commission décide s'il y a lieu ou non de renvoyer les accusés devant la Haute Cour de justice. Les

---

46 Désignés hors de la présence des magistrats du parquet.

actes de **la Commission** ne sont susceptibles d'aucun recours. **La Commission** statue sur tous les incidents de procédure, notamment les nullités de l'instruction. Toute nullité non évoquée avant la décision de renvoi est couverte.

2. La Commission d'instruction de la Cour de répression de l'enrichissement illicite

Comme la Haute Cour de justice, la Cour de répression de l'enrichissement illicite comprend en son sein une **Commission d'instruction**. Saisie par le ministère public, elle procède à une enquête sur les dossiers qui lui sont transmis. Cette enquête est constituée principalement par des interrogations, des auditions et des pièces recueillies. **La Commission** peut se déplacer en tout lieu dans le ressort de la Cour. Elle peut également délivrer des commissions rogatoires ou des délégations judiciaires. Elle peut aussi établir tout mandat nécessaire à l'accomplissement de sa mission et à la manifestation de la vérité.

La Commission d'instruction peut, à l'issue des enquêtes, soit décider un non-lieu, soit prendre un arrêt de renvoi pour jugement devant la Cour de répression de l'enrichissement illicite.

II. Les juridictions de jugement

Les juridictions de jugement sont différentes des juridictions d'instruction. Alors que ces dernières sont chargées de rassembler les preuves, les juridictions de jugement ont pour vocation de statuer sur le fond des affaires. Elles interviennent pour savoir si la prévention ou l'accusation portée à l'encontre des coupables présumés est ou non fondée. Les juridictions de jugement et les juridictions d'instruction sont indépendantes, les unes des autres. Les juridictions de jugement sont relativement nombreuses. Elles sont articulées en fonction des différentes catégories d'infractions : crimes, délits, contraventions. Il existe des juridictions de jugement de droit commun et des juridictions d'exception.

- **Juridiction de jugement de droit commun** : il s'agit de la Cour suprême, des cours d'appel, des tribunaux de grande instance, des tribunaux d'instance et des chambres criminelles.

- **Juridictions de jugement d'exception** : ce sont la Haute Cour de justice, les tribunaux ordinaires à formation spéciale, les tribunaux du travail, la Cour de discipline financière, la Cour de répression de l'enrichissement illicite.

Des développements qui précèdent, il ressort que l'articulation des structures juridictionnelles est d'une grande complexité. Cet état de fait n'empêche pas cependant une unité d'action du pouvoir judiciaire sur la base du mécanisme juridictionnel strictement encadré.

SECTION 3 :
LE MÉCANISME JURIDICTIONNEL

Dès qu'on aborde les questions qui se traitent dans les prétoires, on est frappé par la très grande importance accordée aux problèmes de procédure. Celle-ci pénètre partout et conditionne dans une large mesure les décisions de justice. D'aucuns ont même soutenu que la juridiction, c'est la procédure.

Le formalisme procédurier est l'héritage d'un passé historique lointain ; il a pour but de préserver autant que possible les droits fondamentaux du justiciable et de garantir une bonne administration de la justice. Il reste cependant que les techniques procédurales utilisées ne sont pas uniformes. Elles varient selon la nature des procès. C'est ainsi qu'il existe un code de procédure civile et un code de procédure pénale, ce qui traduit parfaitement la différenciation entre les techniques procédurales utilisées en matière civile et en matière pénale.

§I — Les techniques procédurales en matière civile

Les techniques procédurales en vigueur dans les procès civil et commercial peuvent se distinguer en deux grandes catégories : les actes préparatoires au jugement et les actes liés au jugement.

I. Les actes préparatoires au jugement

Les actes préparatoires au jugement comprennent, entre autres, l'assignation à comparaître, la constitution d'avocat et l'inscription sur le rôle général des audiences.

A. L'assignation à comparaître

L'assignation à comparaître des parties au procès peut se faire de deux manières : la comparution à la suite d'une assignation à comparaître entreprise par le demandeur à l'adresse du défendeur. Elle est notifiée à l'intéressé par exploit d'huissier. Elle doit contenir la date, le jour, le mois, l'année, les noms, prénoms et profession et domicile du requérant, les noms, les prénoms et demeure du requis ainsi que l'objet de l'acte. La signification est faite à la personne ou au domicile du requis. Elle doit indiquer le tribunal appelé à statuer. Elle contient un exposé sommaire des moyens. Outre l'assignation, les parties au procès ont également la possibilité d'une comparution volontaire devant le juge, sans citation pour y être jugé. Elles peuvent aussi se présenter devant un autre juge que celui de leur domicile. Le tableau ci-après donne la liste des tribunaux qui peuvent être saisis.

Matières	Tribunaux compétents
Affaires personnelles et mobilières	Tribunal du domicile du défendeur ou du lieu de résidence de celui-ci
Pension alimentaire	Tribunal du domicile du créancier ou du demandeur
- fournitures - travaux	Tribunal du lieu où la convention a été signée ou exécutée, ou du domicile d'une des parties
Matières réelles immobilières	Tribunal situation des immeubles
Matières mixtes	Tribunal situation de matière ou du domicile du défendeur
En matière de société	Tribunal du siège de la société

B. La constitution d'avocat

Les parties au procès civil ou commercial ont la liberté de constituer ou non un avocat. Elles peuvent aussi choisir d'assurer leur propre défense. La constitution d'un avocat se fait par déclaration écrite, soit à l'audience, soit au greffe du tribunal. Elle est notifiée à l'autre partie. Le demandeur ou le défendeur ne peut révoquer leur avocat sans en constituer un autre ou comparaître personnellement. L'avocat peut cependant se déporter par déclaration écrite à laquelle est annexé l'exposé des faits justificatifs.

C. L'inscription au rôle général des audiences

Le rôle général des audiences est constitué au greffe de chaque tribunal. Ce rôle contient, dans l'ordre de leur présentation, toutes les affaires portées devant le tribunal. Il y est mentionné les noms des parties, ceux des avocats et le jour où l'affaire est évoquée à l'audience du tribunal. Tout demandeur est tenu, au plus tard la veille de l'audience, de présenter au greffe du tribunal l'original de l'assignation. Une fois constituée, l'affaire est renvoyée au rôle général. Il revient au président du tribunal de procéder à la distribution des affaires entre les chambres de manière adéquate.

Indépendamment des actes préparatoires aux procès qui viennent d'être passés en revue, il existe d'autres catégories d'actes directement liés au jugement.

II. Les actes liés au jugement proprement dits

Les actes liés au jugement proprement dits comprennent la consignation au greffe, la communication du dossier au ministère public pour certaines affaires énumérées par la loi, l'audition des témoins, le recours à l'expertise ainsi que la descente sur les lieux.

A. La consignation au greffe

Aux termes de l'article 56 du code de procédure civile, *« hormis les cas d'assistance judiciaire, le demandeur est tenu lors de l'enroulement de consigner au greffe de la juridiction qu'il entend saisir une certaine somme suffisante pour garantir le paiement des frais. Il devra compléter cette provision si, en cours d'instance, elle se révèle insuffisante »*. En cas de défaut de provision, la demande n'est pas enregistrée. L'irrecevabilité est déclarée par ordonnance du tribunal.

B. La communication du dossier au ministère public

Le ministère public n'est pas partie prenante au procès civil. Son rôle y est relativement limité. Il se borne généralement à donner son avis et à faire des conclusions jointes au dossier. Il existe cependant des cas où son intervention est obligatoire. Il s'agit notamment des affaires relatives à l'état des personnes, à l'ordre public, aux incidents en matière de compétence, aux règlements de juges, aux récusations, aux renvois pour parentés ou alliances, aux demandes en désaveu formulées contre un avocat, aux prises à partie, aux causes des femmes non autorisées par leurs maris, aux causes de mineurs, aux causes concernant ou intéressant les personnes présumées absentes, aux causes intéressant les personnes placées dans un établissement pour aliénés. Le procureur peut également prendre connaissance de toutes les affaires dans lesquelles il estime nécessaire son intervention dans un délai de trois jours avant les plaidoiries.

C. L'audition des témoins

Les témoins désignés par les parties ou appelés d'office peuvent être entendus par le tribunal. L'assignation qui leur est faite doit indiquer leur nom et adresse. L'assignation doit également indiquer la date à laquelle ils seront entendus. Les témoins sont entendus séparément. Ils prêtent serment, ne peuvent lire aucun document ou projet écrit lors de leur déposition. Celle-ci est consignée dans un procès-verbal établi par le greffier. Le juge peut faire les interpellations nécessaires aux témoins durant leur déposition dans le but d'éclairer celle-ci.

D. La descente sur les lieux

Lorsque le tribunal l'estime nécessaire, il peut ordonner de se transporter sur les lieux. Le jugement qui ordonne ce transport doit indiquer le jour et l'heure de la descente. Le ministère public n'est pas nécessairement présent lors de ce transport. Sa présence n'est exigée que si lui-même est partie au procès. Dans le cas de transport sur les lieux du tribunal, il en est fait mention dans le procès-verbal établi à cette occasion. Les frais de transport sont à la charge du demandeur, sauf dispense décidée par le tribunal.

E. Le recours à l'expertise

Le recours à l'expertise peut être décidé par le tribunal lorsque les faits de la cause nécessitent des connaissances étrangères au juge. L'expertise est ordonnée par le tribunal par un jugement qui définit de manière précise la mission de l'expert. Celle-ci ne peut porter que sur des questions d'ordre technique de la compétence exclusive de l'expert.

L'expert est soumis dans l'exécution de sa mission au contrôle du juge. Celui-ci peut même assister aux différentes opérations menées par l'expert. Le juge est par ailleurs régulièrement informé du déroulement de l'enquête menée par l'expert.

L'expert a le droit, dans l'accomplissement de sa mission, de recueillir tous renseignements auprès de toutes personnes. Il peut également recourir à un spécialiste pour une opération déterminée. Dans ce cas, il devra indiquer l'identité, le domicile et la profession du spécialiste, et communiquer la substance des éléments fournis par ce dernier. Les parties peuvent également faire toutes observations et réquisitions qu'elles jugent nécessaires et qui seront mentionnées dans le rapport de l'expert.

Les experts ne peuvent exprimer leur avis technique que sur les points qui sont expressément soumis par le jugement du tribunal. Le rapport de l'expert est déposé au greffe du tribunal qui a décidé de faire appel à l'expert. Le tribunal statue après avoir entendu l'expert et les parties. Le tribunal peut, à tout moment des audiences, ordonner que l'expert comparaisse à l'audience publique ou en chambre du Conseil.

III. Le jugement du tribunal civil

Les dates d'audiences du tribunal sont fixées par la citation à comparaître et, le cas échéant, par le président du tribunal. Elles peuvent également être convenues entre les parties. Les audiences sont publiques sauf lorsqu'elles peuvent porter atteinte à l'ordre public ou aux mœurs. Dans ces deux cas, la juridiction saisie (cour ou tribunal) déclare le huis clos par arrêt ou jugement, le ministère public entendu. La décision juridictionnelle doit être motivée sous peine de nullité.

§II — Les techniques procédurales en matière pénale

Les techniques procédurales utilisées en matière pénale sont différenciées selon les phases du procès pénal : la phase de la mise en mouvement de l'action publique, la phase de l'instruction du dossier et la phase de jugement.

I. La phase de la mise en mouvement de l'action publique

Différentes autorités interviennent au cours de cette première phase de l'action pénale, notamment le ministère public, la police judiciaire.

A. Rôle et prérogatives du ministère public

La justice pénale a pour but essentiel la défense de la société. Son rôle est de réprimer les infractions et d'appliquer à leurs auteurs les peines prévues par la loi. La mise en mouvement de l'action publique lui incombe. Le ministère public est composé de plusieurs éléments. Il y a, d'abord, le parquet général. Il est placé auprès de la cour d'appel et sous l'autorité du procureur général. Il y a également le parquet près le tribunal de grande instance dirigé par le procureur de la République. Chacune de ces autorités a des attributions précises, déterminées par la loi.

1. Attributions du procureur général près la cour d'appel

Représentant du ministère public auprès de la cour d'appel, le procureur général a pour attributions essentielles de veiller à l'application de la loi pénale dans toute l'étendue du ressort de la cour d'appel. Il dispose à cet effet de prérogatives et de moyens d'intervention infiniment vastes. Il exerce ainsi :

- **l'autorité** sur tous les représentants du ministère public dans le ressort de la cour d'appel. Il lui est ainsi adressé par les procureurs un rapport mensuel sur les affaires en cours. Il peut les enjoindre d'engager des poursuites sur les infractions dont il a connaissance ;

- **le droit de requérir,** dans l'exercice de ses fonctions, la force publique ;

- **la surveillance** de tous les officiers de police judiciaire. Il peut leur demander tous les renseignements qu'il juge utiles dans le cadre de l'administration de la justice. Cette surveillance s'étend également à tout fonctionnaire ou agent appelé à accomplir des actes de police judiciaire en raison de ses fonctions.

2. Attributions du procureur de la République

Comme le Procureur général au sein de la cour d'appel, le procureur de la République représente le ministère public auprès du tribunal de grande instance. La mission fondamentale du procureur de la République est de recevoir les plaintes et les dénonciations. Il lui appartient ensuite de donner à celles-ci la suite nécessaire. Il peut ainsi soit les classer, soit demander à la police judiciaire de diligenter une enquête. Dans le cadre de sa mission, toutes les autorités officielles, tous les officiers publics qui ont acquis la connaissance d'un crime ou d'un délit sont tenus d'en informer le procureur de la République en lui transmettant tous les renseignements à leur disposition (procès-verbaux, actes relatifs à l'affaire).

Pour exercer ses fonctions, le procureur de la République dispose du droit de requérir la force publique et de prendre tous les actes nécessaires à la recherche et à la poursuite des auteurs d'infraction à la loi pénale. Il assure son autorité sur les officiers de police judiciaire.

B. Attributions de la police judiciaire

La police judiciaire est chargée de *« rechercher et de constater les infractions à la loi pénale, d'en rassembler les preuves et d'en rechercher les auteurs tant qu'une information judiciaire n'est pas ouverte. Lorsque celle-ci est ouverte, elle exécute les délégations des juridictions d'instruction et défère à leur réquisition »*[47]. Les officiers de police judiciaire sont des auxiliaires des magistrats tant du ministère public que des juridictions.

La police judiciaire est placée dans le ressort de la cour d'appel sous la surveillance du procureur général et sous le contrôle de la chambre d'accusation. Elle comprend les officiers de police judiciaire et les agents de police judiciaire.

- **Les officiers de police judiciaire** : ils proviennent de la gendarmerie et de la police. **Pour la gendarmerie**, ce sont les officiers de l'armée, les sous-officiers exerçant les fonctions de commandant de brigade, les sous-officiers de gendarmerie nominativement désignés par arrêt conjoint du ministre de la Justice et du ministre des Forces armées après avis conforme d'une commission. **Pour la police**, ce sont les commissaires de police, les officiers de police et les fonctionnaires nominativement désignés par arrêté conjoint du ministre de la Justice et du ministre de l'Intérieur après avis conforme d'une commission.

- **Les agents de police judiciaire :** ce sont les militaires de la gendarmerie, les membres des forces de police et les fonctionnaires et les agents chargés de certaines fonctions de police judiciaire désignés en vertu de textes spéciaux : douanes, service d'hygiène, eaux et forêts.

Dans l'exercice de leurs fonctions, les officiers de police judiciaire disposent d'importantes prérogatives, notamment :

- **le droit de perquisition** et de visite des maisons ;
- **le droit de réquisition** de la force publique ;

---

[47] Article 14 du code de procédure pénale.

- **le droit d'interdire** à *« toute personne de s'éloigner du lieu de l'infraction »* ;

- **le droit de vérification** de l'identité de toute personne dont il apparaît nécessaire d'identifier au cours de recherches judiciaires ;

- **le droit de convocation** de toute personne susceptible de fournir des renseignements sur les faits et objets ou documents saisis ;

- **le droit de garde à vue** de toute personne pour nécessité d'enquête lorsqu'il existe des indices graves et concordants de nature à motiver son inculpation.

Le code de procédure pénale décrit en détail les principales attributions et les modalités d'intervention des officiers de police judiciaire. Ils sont notamment chargés de recevoir les plaintes et dénonciations, de procéder à des enquêtes et d'en rendre compte aux autorités judiciaires. Il existe deux types d'enquêtes : l'enquête préliminaire et l'enquête de crime et délit flagrant.

a. L'enquête préliminaire

L'enquête préliminaire est entreprise par les officiers de police judiciaire, soit sur instruction du Procureur de la République, soit de leur propre initiative. Dans le cadre de l'enquête préliminaire, l'officier de police judiciaire dispose de prérogatives relativement limitées. C'est ainsi qu'il ne peut entreprendre des visites domiciliaires sans le consentement des propriétaires. Il ne peut également procéder à des saisies de pièces à conviction sans l'assentiment exprès de la personne chez qui l'opération doit s'effectuer. Si celle-ci ne sait pas écrire, le procès-verbal doit en faire mention.

Si, au cours de son enquête, l'officier de police judiciaire est amené à retenir une ou plusieurs personnes contre lesquelles existent des indices graves les mettant en cause, il devra nécessairement les présenter au parquet dans un délai maximum de quarante-huit heures. Toutefois, le délai de garde à vue peut être prolongé de quarante-huit heures supplémentaires par le procureur de la République. Les délais ainsi prescrits peuvent être doublés en cas de crime ou délit contre la sûreté de l'État ou en période d'urgence ou d'état de siège.

b. L'enquête de crime ou délit flagrant

« Est qualifié de crime ou de délit flagrant, le crime ou le délit qui se commet actuellement ou qui vient de se commettre. Il y a, aussi, crime ou délit flagrant lorsque, dans un temps très voisin de l'action, la personne soupçonnée est poursuivie par la clameur publique ou est trouvée en possession d'objets ou présente des traces ou indices laissant penser qu'elle a participé au crime ou délit »[48].

En cas de **crime ou délit flagrant**, les officiers de police judiciaire disposent des pouvoirs et des obligations : ils doivent en informer immédiatement le procureur de la République, se transporter sur les lieux et procéder à tous les constats nécessaires. Ils devront également veiller à conserver tous les indices susceptibles de permettre la manifestation de la vérité. Ils peuvent ainsi saisir les armes et pièces à conviction qui ont servi à commettre le crime. Tous les objets et armes saisis sont immédiatement placés sous scellés.

Les officiers de police judiciaire peuvent en cas de crime ou délit flagrant procéder à des perquisitions et saisies de pièces ou de documents dans les maisons et résidences des personnes soupçonnées sans qu'il soit nécessaire d'obtenir l'assentiment de celles-ci. Toutefois, ils sont tenus au respect du secret professionnel et des droits de la défense. Toutes les opérations entreprises par l'officier de police judiciaire doivent être exécutées en présence des

---

[48] Alinéa 1 article 45 de code de procédure pénale.

personnes soupçonnées d'avoir participé au crime ou au délit. Les procès-verbaux sont signés par toutes les personnes intéressées.

L'officier de police judiciaire peut interdire à toute personne de s'éloigner du lieu de l'infraction. De même, il peut entendre toute personne susceptible de lui fournir des renseignements utiles à son enquête. **L'officier de police judiciaire** est habilité à garder à sa disposition toute personne à l'endroit de qui existent des indices graves de culpabilité, sans pouvoir la maintenir au-delà de quarante-huit heures. À l'expiration de ce délai, sauf prolongation décidée par l'autorité judiciaire, il devra la présenter au procureur de la République.

Le procès-verbal d'audition de toute personne gardée à vue doit mentionner le jour et l'heure à partir de laquelle la personne soupçonnée est dans cette position. Il doit également mentionner les motifs de la mise en garde à vue. La durée des interrogatoires, la durée des repos ainsi que le jour et l'heure à partir desquels la personne en cause a été soit libérée, soit conduite devant le procureur de la République. Il appartient à celui-ci de classer le dossier ou de saisir l'organe d'instruction.

II. La phase de l'instruction

Deux organes interviennent principalement dans la phase d'instruction des affaires judiciaires : le juge d'instruction et la chambre d'accusation.

A. L'intervention du juge d'instruction

Juridiction d'instruction du premier degré, le juge d'instruction est le maître de la procédure d'instruction. Ses pouvoirs sont très étendus. Il peut en effet procéder à tous les actes permettant la manifestation de la vérité. L'ouverture d'une information lui donne ainsi des pouvoirs exorbitants.

1. Saisine du juge d'instruction

Le juge d'instruction ne se saisit pas cependant. Il est saisi soit par réquisitoire introductif du procureur de la République, soit par plainte, avec constitution de partie civile.

a. La saisine par réquisitoire du procureur de la République

Le juge d'instruction est saisi dans la plupart des cas par réquisitoire introductif du procureur de la République. Celui-ci vise soit une personne dénommée, soit une personne non dénommée. Dans son réquisitoire, le procureur de la République demande au juge d'instruction d'entreprendre tous actes qui lui paraissent nécessaires pour la manifestation de la vérité. Le procureur peut également, à tout moment de la procédure, soit introduire des réquisitoires supplétifs, soit demander communication du dossier d'instruction, à condition de le rendre dans les vingt-quatre heures.

b. La saisine par plainte avec constitution de partie civile

Indépendamment de la saisine par réquisitoire du procureur de la République, le juge d'instruction peut être également saisi par plainte avec constitution de partie civile. La plainte peut être initiée par toute personne qui se considère être lésée par un crime ou un délit.

La constitution de partie civile peut se faire soit en comparaissant personnellement, soit par l'intermédiaire d'un avocat, soit par simple lettre. Elle peut intervenir à tout moment de la procédure. Elle a pour effet de mettre en mouvement l'action publique. Le plaignant doit toujours consigner au greffe la somme nécessaire pour couvrir les frais de la procédure. Son montant est fixé par ordonnance du juge d'instruction. La partie civile concernée, si elle ne réside pas dans le ressort du tribunal, doit nécessairement y élire domicile.

2. Les pouvoirs du juge d'instruction

Les pouvoirs et prérogatives du juge d'instruction sont relativement étendus. Il peut ainsi procéder ou faire procéder, soit par des officiers de police judiciaire, soit par toute personne qualifiée, à une enquête sur les faits ou sur la personnalité des personnes mises en cause, ainsi que sur leur situation matérielle, familiale ou sociale. Toutefois, en matière de délit, cette enquête n'est pas obligatoire. À l'issue de l'instruction, le juge peut inculper toute personne ayant pris part comme auteur ou complice aux faits dont il est saisi. Il peut aussi décerner des mandats de dépôt lorsqu'il le juge utile.

B. L'intervention de la chambre d'accusation

La chambre d'accusation de la cour d'appel est une juridiction de second degré. Elle est saisie par réquisitoire du procureur général près la cour d'appel. Cette saisine intervient dans toutes les causes dont sont compétentes les juridictions correctionnelles ou de police. Le procureur général apprécie les faits qui lui sont soumis et décide de saisir **la chambre d'accusation** lorsque lesdits faits sont susceptibles d'une qualification grave. Il met l'affaire en l'état et transmet le dossier avec son réquisitoire.

Il appartient alors au greffier de la **chambre d'accusation** de notifier par lettre recommandée à chacune des parties ou à leurs conseils la date à laquelle l'affaire est appelée à l'audience. Ladite lettre est notifiée au domicile de l'intéressé ou, à défaut, à sa dernière adresse connue.

Les parties et leurs conseils sont autorisés à produire des mémoires qui sont déposés jusqu'au jour d'audience. Les débats sont contradictoires. Le procureur général et les conseils des parties qui le demandent peuvent présenter des observations relativement sommaires. Avant de prendre sa décision, **la chambre d'accusation** peut ordonner la comparution personnelle des parties et ainsi que l'apport des pièces à conviction. La chambre délibère en chambre de conseil sans la présence du procureur général, des conseils des parties et du greffier.

La chambre d'accusation, sur demande du procureur général, d'une des parties ou de son conseil ou même d'Office, peut ordonner tout acte d'information complémentaire lorsqu'elle le juge utile. Elle peut décerner tous mandats. Le procureur général peut à tout moment demander la communication du dossier d'instruction, à charge de le rendre dans les vingt-quatre heures.

Dans l'exercice de ses fonctions, **la chambre d'accusation** examine la régularité des procédures suivies par le juge d'instruction. Elle prononce la nullité de l'acte considéré si elle découvre que celui-ci contient une cause de nullité. La nullité peut concerner une partie ou toute la procédure. Deux situations peuvent se présenter :

- **la chambre infirme** l'ordonnance du juge. Elle peut décider d'envoyer le dossier au juge d'instruction concerné ou à tel autre juge afin de poursuivre l'instruction ;
- **la chambre confirme** l'ordonnance du juge. Dans ce cas, l'ordonnance du juge conserve tous ses effets.

Après l'examen des faits qui lui sont soumis, la chambre d'accusation peut prendre différentes positions : si elle estime que les faits constituent un délit ou une contravention, elle décide le renvoi de l'affaire devant la juridiction compétente en la matière, si elle estime que les faits constituent une infraction qualifiée de crime par la loi, elle prononce le renvoi devant la chambre criminelle du tribunal de grande instance.

III. La phase de jugement

C'est l'ultime étape du procès pénal. Il est nécessaire, dans ce cadre, de distinguer le jugement des délits et le jugement des crimes.

A. Le jugement des délits

Les délits sont jugés par les tribunaux correctionnels. Il s'agit plus précisément de chambres spécialisées des tribunaux de grande instance. Ainsi, à l'exception des délits que la loi a expressément attribués aux tribunaux d'instance et aux tribunaux d'exception, le jugement de tous les délits relève de la compétence exclusive des tribunaux correctionnels.

1. Saisine des tribunaux correctionnels

La saisine des tribunaux correctionnels se fait selon plusieurs procédures : renvoi fait par le juge d'instruction, comparution volontaire, citation directe délivrée au prévenu et aux personnes civilement responsables de l'infraction, procédure de flagrant délit. Il a été jugé que la juridiction répressive outrepasse sa saisine lorsqu'elle *« déclare atteinte et convaincue d'un délit une personne citée en qualité de témoin alors que l'ordonnance de renvoi en police correctionnelle ne l'a pas visée. La personne citée comme témoin ne peut être jugée contre son gré et sans avoir reçu au préalable notification de l'inculpation et avoir été citée comme prévenue »*[49]. Le tribunal correctionnel compétent est celui du lieu de l'infraction, de la résidence du prévenu, du lieu d'arrestation de ce dernier, même *« lorsque cette arrestation a été opérée pour une autre cause »*[50].

2. La comparution du prévenu

Le prévenu est tenu de se présenter devant la juridiction lorsqu'il est régulièrement cité en personne, à moins qu'il ne fournisse au tribunal une excuse acceptée par celui-ci. Lorsque le prévenu se présente, le président du tribunal

---

49 CA n° 248 du 8 avril 1981 - Ruyad Fattah.

50 Article 370 de la loi 85-25 du 27 février 1985 modifiant le Code de procédure pénale.

constate son identité et lui donne connaissance de l'acte par lequel le tribunal est saisi. Si le prévenu régulièrement cité ne se présente pas, il est jugé contradictoirement. Toutefois, le prévenu cité pour une infraction passible d'une peine d'amende ou d'une peine d'emprisonnement inférieure à un an peut, par lettre adressée au président, demander à être jugé en son absence. Dans une telle éventualité, son avocat pourra être entendu par la juridiction.

3. La constitution de la partie civile

Toute personne ayant subi un dommage quelconque du fait d'une infraction peut se constituer partie civile et demander réparation du préjudice subi. La déclaration de constitution de partie civile peut se faire soit avant l'audience au greffe, soit pendant l'audience, par déclaration consignée par le greffier ou par dépôt de conclusion. La constitution de partie civile ne nécessite pas le ministère d'un avocat. Il appartient au tribunal d'apprécier sa recevabilité ou non.

4. La constitution d'avocat

Contrairement au procès criminel, l'assistance d'un avocat devant le tribunal correctionnel n'est pas exigée. Toutefois, seuls les avocats inscrits au barreau peuvent être choisis pour assister un prévenu. S'agissant des avocats étrangers, ils ne peuvent être constitués que s'il existe une convention judiciaire prévoyant leur droit de plaider devant les tribunaux sénégalais.

5. Les actes liés au jugement

Ils comprennent : l'audition des témoins, la tenue des débats et la délibération du tribunal.

a. L'audition des témoins

Toute personne citée à titre de témoin est tenue de comparaître, de prêter serment et de déposer. La liste des témoins appelés à comparaître devant le tribunal est établie sur la base des propositions du ministère public, du prévenu et de son conseil, de la partie civile. Les témoins sont cités par exploit d'huissier. Le témoin qui refuse de comparaître peut faire l'objet d'un mandat et d'une condamnation par le tribunal.

b. La tenue des débats

Dès l'ouverture des débats, le procureur de la République présente ses réquisitions tant écrites qu'orales. Son intervention tourne sur tout ce qui contribue à faire valoir la réalité des faits et le bien de la justice. S'agissant plus précisément des réquisitions du procureur, mention en est faite dans les notes du greffier et le tribunal est tenu d'y répondre.

Le prévenu et les autres parties et leurs avocats peuvent aussi déposer des conclusions qui sont visées par le greffier et le président du tribunal. Au cours des débats, tous les acteurs du procès peuvent intervenir : ministère public, prévenu, partie civile. Dans tous les cas de figure, le prévenu et son conseil ont toujours le dernier mot.

c. La décision de justice

Elle est constituée par le jugement rendu par le tribunal. Celui-ci peut avoir lieu soit au cours de l'audience, soit à une date ultérieure. Le jugement prononce la peine et statue sur l'action civile. Dans le cas contraire, il prononce le non-lieu.

B. Le jugement des crimes

Depuis la suppression des cours d'assises, ce sont les chambres criminelles qui jugent les crimes. Elles sont créées au sein des tribunaux de grande instance. Ainsi, les chambres criminelles deviennent la juridiction de droit commun en matière criminelle. Les procédures suivies sont relativement les mêmes que celles des cours d'assises.

1. Les procédures suivies

Les procédures suivies sont de deux sortes : il y a les actes obligatoires et les actes facultatifs.

a. Les actes obligatoires

Ils sont constitués par la signification à l'accusé de l'arrêt de renvoi devant la chambre criminelle, la constitution d'un avocat, l'interrogatoire de l'accusé par le président de la chambre criminelle.

b. Les actes facultatifs

Il y a des actes qui peuvent être entrepris de manière facultative avant l'ouverture des débats. Il s'agit notamment d'actes d'informations complémentaires ordonnés par le président, si des éléments nouveaux sont apparus depuis la clôture du dossier d'instruction. La demande de complément d'information est conduite soit par le Président du tribunal ou son assesseur, soit par un juge d'instruction délégué à cet effet. Les pièces relatives à cette instruction complémentaire sont jointes à la procédure et communiquées au procureur de la République et aux différentes parties.

Le président a, au cours de l'examen du dossier, la possibilité de faire la jonction de plusieurs affaires lorsqu'elles sont relatives aux mêmes crimes ou infractions connexes. Cette jonction peut être prise d'office ou sur réquisition du ministère public. La jonction peut être faite aussi lorsque plusieurs arrêts de renvoi concernent un même accusé.

2. L'ouverture des débats

L'ouverture des débats a lieu dès l'accomplissement de tous les actes liés au jugement. Les débats sont entamés et poursuivis de manière continue. Ils peuvent cependant être suspendus pour permettre le repos nécessaire aux membres de la chambre et des parties prenantes au procès. Au cours des débats, le ministère public, les accusés et leurs conseils peuvent poser des questions aux accusés et aux témoins. Le ministère public peut faire les réquisitions qui lui conviennent[51]. L'accusé et la partie civile et leurs conseils peuvent déposer des conclusions sur lesquelles la chambre devra répondre. Tous les incidents survenus au cours des débats sont résolus par les membres de la chambre, le ministère public, l'accusé et la partie civile, et leurs conseils entendus.

Au cours des débats, les témoins sont entendus. Ils déposent séparément l'un après l'autre, dans un ordre établi par le président. Des questions peuvent leur être posées par le président, le ministère public, ainsi que les parties.

Le président de la chambre clôture les débats. Il donne lecture des questions à soumettre à la chambre et déclare l'audience suspendue. Les membres de la chambre, après avoir pris leur décision, prononcent publiquement l'arrêt portant condamnation ou acquittement. Les chambres se prononcent également sur l'action civile. Une telle procédure est naturellement différente de celle du recours pour excès de pouvoir entamé devant la Cour suprême.

§III — Les techniques procédurales en matière de recours pour excès de pouvoir

En confiant à **l'instance juridictionnelle suprême** le soin de statuer sur les recours pour excès de pouvoir, le constituant sénégalais a tenu à distinguer le contentieux

[51] La chambre est tenue d'y répondre.

administratif de pleine juridiction et le recours pour excès de pouvoir. Le recours de pleine juridiction met en jeu la responsabilité de l'administration. Il sanctionne généralement un dommage causé à un particulier. Le préjudice peut avoir pour origine une faute, des agissements matériels, des actes faisant grief ou un refus de l'administration de prendre une décision. Le contentieux de pleine juridiction ne diffère, en fait, de l'action civile que par la qualité de personne publique de l'une des parties. **Le recours pour excès de pouvoir** est en revanche une action ouverte devant le juge dans le but d'obtenir l'annulation d'un acte d'une autorité exécutive. L'existence du **recours pour excès** de pouvoir répond au souci d'assurer aux citoyens une protection efficace contre les abus toujours possibles de l'administration. Le recours pour excès de pouvoir obéit aux conditions ci-après :

a. Actes susceptibles de recours pour excès de pouvoir

Première règle : l'existence d'un acte émanant d'une autorité administrative. Aux termes de l'article 73 de la loi organique 2008-35 du 8 août 2008 sur la Cour suprême, *« le recours pour excès de pouvoir n'est recevable que contre une décision explicite d'une autorité administrative »*. Cette disposition reprend celle de l'article 35 de la loi organique 92-24 du 30 mai 1992 sur le conseil d'État français, qui stipule que le recours pour excès de pouvoir est recevable contre les *« actes de diverses autorités administratives »*.

L'acte attaqué doit répondre à quatre conditions :

1- Il doit émaner d'une autorité administrative. L'ancienne Cour suprême s'était déclarée compétente pour statuer sur des recours dirigés contre des décrets, arrêtés ministériels ou actes d'autorités municipales.

2- L'autorité administrative, auteur de l'acte, doit être une autorité sénégalaise. La haute juridiction est incompétente lorsque l'acte émane d'une autorité étrangère[52].

3- La décision doit être susceptible de faire grief. L'ancienne Cour suprême avait indiqué que le retrait d'un acte administratif ou le rétablissement du requérant dans ses droits rend le recours sans objet. Dans son arrêt du 23 mars 1966, elle a précisé sa position en ces termes : *« Attendu que, par arrêté du ministre des Travaux publics, des Transports et de l'Urbanisme en date du 30 juin 1965, le sieur Moussa Camara, ouvrier ordinaire du Corps des Travaux publics, a été rayé des cadres »* ; *« Qu'aux termes d'un arrêté n° 13-875 du 15 septembre 1965, ladite décision a été rapportée, rétablissant ainsi le requérant dans ses fonctions, ce postérieurement au dépôt de la requête introductive, qu'en conséquence, le pourvoi manquant d'objet, il n'y a pas lieu de statuer »*.

4- L'acte doit en outre revêtir un caractère unilatéral. Il s'ensuit que la Cour suprême doit déclarer irrecevables les recours pour excès de pouvoir dirigés contre les contrats. *« Un contrat conclu par l'administration, en effet, n'est pas l'œuvre exclusive de l'autorité administrative, c'est, comme tout contrat, l'œuvre commune des deux parties »*[53].

Mais l'exclusion totale des contrats du recours pour excès de pouvoir peut présenter un grave inconvénient, les prescriptions relatives aux contrats risquent, en effet, de rester lettre morte. L'ancienne Cour suprême a été obligée de limiter la portée du principe en recourant à la notion sub-

---

[52] La Cour suprême a déclaré irrecevable dans son arrêt du 22 mars 1962 (deuxième section) le recours pour excès de pouvoir dirigé contre une décision du général, commandant supérieur de la zone militaire d'Outre-mer. Arrêt n ° 11 Moussa Camara, ministère des Travaux publics, deuxième section.

[53] Waine, *Traité de droit administratif*, 9ème édition, 1963, p. 509. Arrêt n° 7, Babacar LO et Abdou Salam Diallo, c/Etat du Sénégal.

tile d'acte détachable des relations contractuelles. Dans l'arrêt du 23 mars 1966 *« Babacar LO et Abdou Salam DIALLO »*, elle a déclaré détachable du contrat la radiation d'un stage de perfectionnement d'un agent décisionnaire, pour le motif que ce stage était ouvert indistinctement aux fonctionnaires et aux non-fonctionnaires.

Deuxième règle : l'absence de recours parallèle

La deuxième condition exigée pour qu'un recours pour excès de pouvoir puisse être déclaré recevable est l'absence de recours parallèle. Le recours en annulation n'est recevable contre les décisions administratives que si les intéressés ne disposent pas, pour faire valoir leurs droits, du recours ordinaire de pleine juridiction. Il ne s'agit pas d'une option pour le requérant. Le recours pour excès de pouvoir est paralysé par l'existence du recours parallèle qui peut être un recours essentiellement administratif, mais distinct du recours hiérarchique ou gracieux qui revêt un caractère facultatif pour le requérant. Le recours qui est prévu ici doit être régi par un texte spécial, légal ou réglementaire.

Troisième règle : la dispense d'un avocat

Contrairement à la pratique sous l'empire de l'ancienne Cour suprême, le recours au ministère d'un avocat pour introduire un recours pour excès de pouvoir n'est plus nécessaire. Le législateur sénégalais, dans son souci de décourager les recours fantaisistes, n'avait pas, à l'époque, voulu suivre l'exemple français en la matière. Il s'était plutôt inspiré du droit marocain qui exige le ministère d'un avocat pour tout recours devant la Cour suprême. Il n'en est plus ainsi depuis l'institution de la nouvelle Cour suprême. L'article 73 de la organique 2008-35 du 2008 est très explicite à ce sujet : *« Le demandeur est dispensé du ministère d'un avocat »*.

b. Les moyens d'annulation

Déterminer les moyens d'annulation, à l'appui du recours pour excès de pouvoir, c'est fixer les chefs d'illégalités susceptibles d'entraîner l'annulation de la décision administrative attaquée ; *« car il est vrai que l'excès de pouvoir n'est pas autre chose que l'illégalité entendue au sens le plus large*[54] *»*. Mais l'opération peut sembler délicate dans la mesure où aucune disposition de la loi organique ne traite de ces moyens. On ne peut donc que se reporter à la jurisprudence de l'ancienne Cour suprême. Cette jurisprudence n'est malheureusement ni suffisamment fournie ni définitive. Elle ne constitue qu'une simple indication.

1- Irrégularités formelles

L'illégalité formelle se réalise lorsque l'autorité administrative, auteur de l'acte, était incompétente pour le faire ou lorsque cette autorité, bien que compétente, n'a pas accompli les formalités préalables nécessaires : non-consultation d'organismes tels qu'un conseil de discipline ou d'enquête, une assemblée délibérante, violation des droits de la défense, etc. Dans son *arrêt « Doudou KANE contre le ministère des Travaux publics »* du 5 juillet 1961, la Cour suprême a eu, pour la première fois, statuant dans une affaire relative à un retrait de permis de conduire, l'occasion d'affirmer sa position en matière de violation des droits de la défense. Le requérant ayant déclaré que la décision prononçant le retrait de son permis de conduire avait été prononcée sans qu'il ait pu présenter ses moyens de défense, la Cour avait rejeté le recours, estimant qu'il résulte des pièces du dossier que le sieur Doudou KANE a été entendu suivant procès-verbal du 9 mai 1958, qu'il a été à même de connaître les griefs articulés contre lui et de présenter ses moyens de défense.

---

[54] G.VEDEL, *Cours de droit administratif, les cours de droit*, 1964-1965.

2- Irrégularités matérielles

L'ancienne Cour suprême a eu l'occasion d'annuler plusieurs décisions administratives pour illégalité matérielle. Elle invoque généralement le détournement de pouvoir, la violation de la loi ou l'absence de base légale.

Fréquemment invoqué par les requérants, **le détournement de pouvoir** est rarement retenu par la juridiction suprême. Dans son arrêt *« Semba Ndoukoumane GUEYE »* du 23 mars 1966, l'ancienne Cour suprême, en rejetant le recours formé contre un arrêté du ministre de la Santé publique et des Affaires sociales du 17 janvier 1964, rapportant aux arrêtés précédents portant révision de la situation administrative du requérant, a ainsi justifié sa position : *« Attendu qu'il ne résulte pas de l'instruction que la décision attaquée ait été prise, exclusivement, ou principalement, pour un motif étranger au service ; attendu, en particulier, que le requérant fait état de sa propre situation politique précédente, immédiatement, la date de l'arrêté attaqué, qu'il est constant qu'à la même époque, l'Administration de la fonction publique a rejeté, pour des motifs de pure légalité, des arrêtés accordant à d'autres médecins le bénéfice des mêmes modifications d'échelon » ; « Attendu que, dans ces conditions, le détournement de pouvoir invoqué n'est pas établi... »*

Dans un autre arrêt *« Babacar LO contre le ministre des Travaux publics »*, rendu le même jour, la Cour, statuant, au fond, dans une affaire relative à la radiation du requérant de la liste des candidats pour un stage de perfectionnement en raison de ses activités politiques, a également écarté le détournement de pouvoir : *« Attendu, en ce qui concerne le sieur Babacar LO, qu'il résulte d'un rapport des services de police, dont les allégations ne sont pas contestées par le requérant, qu'il a exercé une activité politique soutenue à l'intérieur de son service et fait preuve d'une indiscipline notoire envers son chef de service, notamment pendant la période précédant les élections ; que de tels faits constituent un manquement grave à l'obligation de réserve ci-dessus définie et donnent une base légale, en ce qui le concerne, à la décision attaquée qui ne saurait être considérée comme entachée de détournement de pouvoir ».*

Ces deux arrêts caractérisent suffisamment la position de la Cour suprême en matière d'admission du moyen tiré du détournement de pouvoir. Celui-ci ne peut être retenu que si la décision attaquée a été prise, exclusivement ou principalement, pour un motif étranger au service.

La violation des droits acquis a été également évoquée devant l'ancienne Cour suprême. Une décision, même illégale, peut créer des droits acquis aux particuliers. Elle a ainsi reconnu que l'administration pouvait retirer une décision illégale, à condition que ce retrait intervienne dans les délais du recours pour excès de pouvoir. En revanche, un reclassement devenu définitif entraîne, même s'il est illégal, le droit au traitement correspondant. L'arrêté portant reclassement du requérant doit être annulé en tant qu'il limite, dans le temps, ses effets financiers.

La Cour suprême peut aussi annuler une décision pour le motif tiré du manque de base légale. Ce moyen d'annulation recouvre deux notions : l'erreur de droit qui conduit la Cour à rétablir la correction d'un fondement juridique mal interprété et l'erreur de fait, lorsque les faits ayant motivé la décision ne sont pas exacts ou lorsque leur qualification juridique est fausse. L'ancienne Cour suprême, dans un important arrêt du 27 mars 1963, a annulé l'arrêté du ministre des Transports et Télécommunications prononçant la révocation du requérant parce que le motif invoqué n'était pas établi.

c. Les effets du recours pour excès de pouvoir

La Cour suprême, saisie d'un recours pour excès de pouvoir, peut rejeter le recours ou prononcer l'annulation totale ou partielle de l'acte attaqué. Contrairement à l'arrêt de rejet qui n'a que l'autorité relative de la chose jugée, l'arrêt d'annulation a effet « erga omnes », c'est-à-dire qu'il s'impose et bénéficie à tout le monde. Lorsque la décision annulée avait fait l'objet d'une publication au Journal officiel, l'arrêt d'annulation devra être publié dans les mêmes conditions.

Le rôle de **la Cour suprême** en matière de respect de la légalité revêt une importance indéniable. Consultée sur les textes préparés par l'administration, elle doit toujours veiller à la correction de la forme. Son souci de la clarté et de la précision l'amène fréquemment à faire les suggestions les plus utiles pour éviter des contradictions ou des complications dans l'application des lois et règlements. Dans le domaine des recours pour excès de pouvoir, les arrêts qu'elle rend traduisent aussi le souci de la haute juridiction d'imposer à l'État, partout et en toutes circonstances, le respect de la légalité et de la régularité aussi bien des actes émanant des autorités exécutives que de la gestion des ressources.

CHAPITRE 2

LES MÉTHODES ET TECHNIQUES DE GESTION DES RESSOURCES DU SECTEUR PUBLIC DE LA JUSTICE

Comme toutes les administrations d'État, le secteur public de la justice dispose de ressources matérielles, financières et humaines destinées à assurer le fonctionnement des institutions et services de la justice.

Les ressources matérielles sont essentiellement constituées de palais de justice, de tribunaux, de maisons de justice et d'établissements pénitentiaires. Au sein du ministère de la Justice, c'est la direction des constructions et équipements des palais de justice et aux édifices qui est chargée, sur l'ensemble du territoire, de l'infrastructure et du patrimoine bâti du ministère de la Justice : études architecturales et techniques, réalisation de tout équipement technique, de la maintenance et de la réhabilitation (grosses réparations, entretien courant). Elle assure la maîtrise d'ouvrages de construction ou de la voirie et des travaux divers. Telles que définies, ces compétences n'incarnent pas un caractère d'originalité quelconque, ce sont les mêmes qu'on trouve dans tous les ministères et dans les grandes administrations publiques.

S'agissant des **ressources financières**, elles proviennent essentiellement du budget de l'État. C'est la part que l'État donne chaque année au ministère de la Justice pour assurer le fonctionnement des services, la création d'infrastructures et la réalisation des équipements. Le budget du ministère de la Justice est soumis pour son exécution aux mêmes règles que les autres institutions de l'État[55].

Il est indéniable que les vrais problèmes qui se posent dans le secteur public de la justice concernent essentiellement **les ressources humaines.** Le niveau et l'importance de ces ressources ont positivement évolué avec le temps. Ainsi, malgré leur faiblesse relative, elles ont permis à la République sénégalaise de développer un secteur public de la justice qui s'est élargi et consolidé au fil du temps. Sur le plan de son organisation et en matière de formation professionnelle, la très bonne réputation qui entoure la magistrature sénégalaise a franchi depuis longtemps déjà les frontières nationales. La création récente, à Dakar, des chambres africaines extraordinaires chargées de juger l'ex-président du Tchad, Monsieur Hussein Habré, témoigne de la très grande confiance que nourrit la communauté internationale à l'égard de la justice sénégalaise.

SECTION 1 :
LA CLASSIFICATION DES PERSONNELS DE JUSTICE

Les personnels en fonction dans les services et organismes relevant du secteur public de la justice sont nombreux et diversifiés. Plusieurs critères sont utilisés pour identifier et classer les personnels de l'ordre judiciaire : situation statutaire, positionnement dans la hiérarchie judiciaire, participation à la prise des décisions juridictionnelles. C'est ce dernier critère, certainement le plus opérationnel, qui est retenu. Il permet de distinguer les personnels directement liés à la fonction juridictionnelle et les personnels chargés de l'exécution des décisions de justice.

---

[55] Voir Mamadou Diop, *Gouvernance sanitaire*.

§I — Les personnels directement liés à la fonction juridictionnelle

Les agents du secteur public de la justice directement liés à la fonction juridictionnelle sont constitués essentiellement des magistrats, des administrateurs de greffe, des greffiers en chef, des greffiers et des interprètes judiciaires. Malgré leur diversité et la nature spécifique des fonctions assurées, cette catégorie d'agents participe directement à la prise des décisions de justice. Leur présence est en effet nécessaire pour valider les actes pris par les magistrats.

I. Les magistrats

Les magistrats occupent une place centrale dans l'ordre judiciaire. Ce sont eux qui prennent effectivement les décisions de justice. La loi organique 92-27 du 30 mai 1992 modifiée portant statut des magistrats détermine de manière détaillée les conditions et les modalités d'organisation de la profession de magistrat, ainsi que l'encadrement juridique auquel elle est soumise[56].

A. L'encadrement juridique de la profession de magistrat

L'exercice de la profession de magistrat obéit à des règles spécifiques.

Celui-ci est en effet soumis à des sujétions et contraintes particulières. En contrepartie, les magistrats bénéficient de rémunération, d'avantages et privilèges propres.

---

56 De longs développements ont déjà été consacrés aux magistrats dans la première partie de l'ouvrage. Il s'agit ici davantage de revoir leur situation et le déroulement de leur carrière.

1. Les sujétions et contraintes

Les sujétions et contraintes qui encadrent la profession de magistrats comprennent, entre autres : les incompatibilités professionnelles, l'obligation de prestation de serment, l'obligation de résidence et la soumission à un régime disciplinaire particulier.

1- Les incompatibilités avec la profession de magistrat

Les incompatibilités avec la profession de magistrat sont définies par la loi organique 92-27 qui pose le problème en ces termes : *« les fonctions judiciaires sont incompatibles avec toute activité publique ou privée »*. Le magistrat ne peut ainsi exercer un mandat électoral. Il ne peut adhérer à un parti politique même lorsqu'il est en détachement ni participer à une manifestation politique. Il ne peut ni créer ni adhérer à un syndicat. Il ne peut exercer une fonction quelconque dans la fonction publique ou dans une entreprise privée.

2- L'obligation de prestation de serment

Le magistrat nouvellement nommé est tenu de prêter serment devant la cour d'appel avant son entrée en fonction. Le texte du serment a été modifié par la loi organique 92-27. Il est légèrement différent de celui qui a été prévu par l'ordonnance 60-47 du 9 novembre 1960. Il tient compte en effet du fait que tous les magistrats n'exercent pas nécessairement des fonctions juridictionnelles.

3- L'obligation de résidence

Les magistrats sont tenus de résider dans le lieu du siège de leur juridiction. Ils ne peuvent s'absenter sans autorisation individuelle et temporaire délivrée par les chefs de juridiction ou le garde des Sceaux, ministre de la Justice.

4- La soumission à un régime disciplinaire spécifique

Le magistrat doit, en toutes circonstances, avoir un comportement exempt de tout manquement aux devoirs de son état, à l'honneur, à la délicatesse ou à la dignité de la profession. Des poursuites disciplinaires peuvent être engagées contre lui par, ministre de la Justice en cas de manquement aux règles de discipline. Le magistrat fautif peut être suspendu de ses fonctions en cas d'urgence en attendant l'avis du Conseil supérieur de la magistrature. La saisine de celui-ci doit intervenir dans un délai maximum d'un mois. Passé ce délai, le magistrat suspendu doit reprendre ses fonctions. Les sanctions disciplinaires qui peuvent être prises à l'encontre des magistrats comprennent : la réprimande avec inscription au dossier, le déplacement d'office, le retrait de certaines fonctions, l'abaissement d'échelon, la rétrogradation, la mise à la retraite d'office ou l'admission à cesser ses fonctions lorsque le magistrat n'a pas droit à une pension de retraite, la révocation avec ou suspension des droits à pension. S'agissant plus spécialement des poursuites judiciaires engagées contre un magistrat, celui-ci bénéficie du privilège de juridiction ainsi établi :

- **en matière correctionnelle** : c'est la première chambre de la Cour suprême qui statue.

- **En matière criminelle** : la première chambre de la Cour suprême décide de la mise en accusation et du renvoi du magistrat en cause devant les chambres réunies pour le jugement[57]. Les complices et coauteurs suivent le même processus.

2. Les privilèges et avantages liés à la profession de magistrat

Sont liés à la profession de magistrat des privilèges et avantages importants.

---

[57] Les fonctions dévolues au procureur général près la cour d'appel et au premier président de cette cour sont dévolues au procureur général et au premier président de la Cour suprême.

a. La rémunération

Tout magistrat en activité ou en détachement a droit à une rémunération à laquelle s'ajoute une confortable indemnité de judicature. Les autres éléments de la rémunération sont ceux prévus pour les fonctionnaires régis par le statut général de la fonction publique. La grille indiciaire est cependant établie en fonction de la spécificité de la situation des magistrats.

b. Le droit à la pension

La pension octroyée au magistrat (proportionnelle ou de retraite) est régie par la loi relative aux pensions civiles et militaires. Toutefois, l'âge de départ à la retraite est fixé à 65 ans, alors qu'il est de 60 ans pour les fonctionnaires du régime général.

c. Les privilèges

La qualité de magistrat donne droit à un certain nombre de privilèges : privilège de juridiction, préséances dans les cérémonies officielles, port d'insignes distinctifs, vacances judiciaires, garanties de carrière.

B. L'encadrement administratif de la carrière de magistrat

Le déroulement de la carrière de magistrat obéit à des règles précises qui sont définies par la loi organique 92-27 du 30 mai 1992 modifiée. Ces règles portent sur le recrutement, la hiérarchisation des fonctions de magistrat, les conditions d'avancement et les positions occupées en cours de carrière.

1. Conditions générales de recrutement

Pour être admis dans le corps de la magistrature, il faut nécessairement remplir les conditions générales exigées par le statut général de la fonction publique, c'est-à-dire être citoyen sénégalais, jouir de ses droits civiques, être de bonne moralité et être en situation régulière au regard des lois sur le recrutement dans l'armée. Le dossier constitué pour le recrutement comporte un extrait de naissance, un extrait de casier judiciaire datant de moins de trois mois, un état signalétique des services militaires ou tout autre document permettant d'apprécier la position du candidat à l'égard du recrutement de l'armée, les diplômes et titres requis[58] et un certificat de visite et de contre-visite.

2. Les conditions générales de notation et d'avancement

Chaque magistrat voit sa position faire l'objet d'une notation annuelle. Celle-ci intervient avant le 15 août de chaque année. Deux cas sont à distinguer : cas des magistrats du siège et cas des magistrats du parquet.

1- **Notation des magistrats du siège :** ce sont les chefs de juridiction qui établissent les notes des magistrats du siège placés sous leur autorité. Les notes sont transmises au premier président de la Cour suprême, qui les envoie ensuite avec ses appréciations au garde des Sceaux, ministre de la Justice qui les transmet à son tour au Conseil supérieur de la magistrature.

2- Notation des magistrats du parquet : les notes sont faites par les chefs de parquet auprès des juridictions. Elles sont transmises ensuite au procureur général près la Cour suprême qui les envoie à son tour au ministre de la Justice.

3- Notation des magistrats en détachement : c'est le ministre auprès de qui les magistrats sont détachés qui établit les notes. Celles-ci sont transmises au garde des Sceaux, ministre de la Justice.

---

[58] Être titulaire d'une maîtrise ès sciences juridiques et du diplôme de fin d'études du centre national de formation judiciaire.

La notation des magistrats porte sur tous les renseignements relatifs à la valeur professionnelle et morale du magistrat. Seuls les magistrats placés « hors hiérarchie » sont exclus du système de notation. Ceux-ci font l'objet cependant d'une appréciation de la part de leurs supérieurs.

L'avancement des magistrats s'effectue soit à l'ancienneté, soit au choix.

1- **Avancement à l'ancienneté** : à l'intérieur des groupes, l'avancement se fait à l'ancienneté. Les différents échelons sont franchis tous les deux ans automatiquement.

2- **Avancement au choix :** l'avancement au choix concerne le passage de groupe à groupe supérieur, de grade à grade supérieur. Pour l'avancement du 2e grade au premier grade, le magistrat doit nécessairement remplir les conditions suivantes : avoir au moins deux ans d'ancienneté dans le 2e grade.

3. La hiérarchisation des fonctions judiciaires

La hiérarchisation du corps des magistrats se traduit par une différenciation des fonctions selon les grades et les groupes auxquels ils appartiennent. Le tableau ci-après donne une vue d'ensemble des différentes fonctions que le magistrat peut occuper.

Grille du corps des magistrats

Grades	Groupes	Conditions requises	Fonctions dévolues
Hors hiérarchie			Liste établie par l'article 3 de la loi organique 92-27 du 30 mai 1992
Premier grade	Groupe n° 1	Dans la fonction du 2e groupe du premier grade	Conseillers cour d'appel Président tribunal 1ere classe moyenne juge instruction Tribunal hors classe Procureur de la République 1ere classe
	Groupe n° 2	— Accès au choix après 12 ans dans le 2e grade — Être inscrit au tableau d'avancement	— Président tribunal travail de 1ere classe — Juge tribunal de grande instance hors classe — Substitut tribunal de grande instance 1ere classe — Président tribunal d'instance 1ere classe
Deuxième grade	Groupe n° 1	Dix ans d'ancienneté dans un emploi du 2e groupe	— Président tribunal de grande instance 2e classe — Procureur de la République tribunal grande instance 2e classe — Président tribu-

			nal du travail 1ere classe — Juge au tribunal de grande instance
	Groupe n° 2	Deux ans d'ancienneté dans les fonctions de juge suppléant	— Président tribunal d'instance 2e classe — Président tribunal travail 3e classe — Juge tribunal instance 1ere classe — Délégué procureur près tribunal d'instance 2e classe — Juge suppléant
Juges suppléants		— Brevet centre formation judiciaire — Avocat ayant 10 ans d'exercice — Greffiers en chef titulaire, maîtrise droit et 10 ans de service — Professeur droit titulaire	Juge d'instruction

Comme les fonctionnaires régis par le statut général de la fonction publique, les magistrats peuvent se trouver, durant leur carrière, dans l'une des positions suivantes : être en activité, en détachement ou en disponibilité.

1- **En activité** : être dans l'un des emplois du corps judiciaire prévus pour les magistrats en activité de service.

2- **En détachement** : être en affectation en dehors des services relevant du ministère de la Justice. Le détachement peut être de courte ou de longe durée. La loi organique 92-27 stipule que le détachement de longue durée ne peut excéder quatre années renouvelables. Elle précise par ailleurs que si le détachement est destiné à l'occupation d'un poste dans le gouvernement ou électif ou pour remplir une fonction dans une organisation internationale, la durée du détachement est égale à celle de la fonction du mandat du magistrat. À la fin de son détachement, le magistrat est réintégré d'office dans le corps de la magistrature, au besoin en surnombre.

3- **En disponibilité** : c'est la position du magistrat placé hors cadre. Il cesse de bénéficier de ses droits à l'avancement.

II. Les agents soumis au statut général de la fonction publique

Indépendamment des magistrats qui constituent le noyau central du système judiciaire, il existe d'autres agents qui sont également liés à la prise des décisions à caractère juridictionnel : ce sont les administrateurs de greffe[59], les greffiers en chef, les greffiers, les secrétaires de greffe et les interprètes judiciaires.

[59] Création récente.

B. Les greffiers en chef

Comme les magistrats et les administrateurs de greffe, les greffiers en chef sont membres à part entière des juridictions. Ils sont chargés plus particulièrement du fonctionnement des greffes dont ils assurent la responsabilité. Lorsqu'ils n'ont pas la direction de greffe, les greffiers en chef veillent à l'application des lois et règlements. Ils tiennent la plume lors des audiences. Ils assurent la conservation des minutes des jugements et arrêts rendus. Ils en délivrent au public qui demande des expéditions. Ils peuvent exercer, en cas de besoin, les fonctions de notaire et de commissaire-priseur. Les greffiers en chef sont recrutés exclusivement par concours professionnel auquel ne peuvent participer que les greffiers ayant au moins six années de services effectifs. Les greffiers en chef prêtent serment devant la cour d'appel. Le serment peut être fait également par écrit. Les greffiers en chef portent une robe noire à grandes manches lors des cérémonies.

C. Les greffiers

Ils secondent les administrateurs de greffe et les greffiers en chef, ils participent ainsi au bon fonctionnement des juridictions. Ils peuvent être chargés d'assurer l'intérim des greffiers en chef dans certaines circonstances. Ils peuvent être appelés à assurer les fonctions d'huissier. Mais dans tous les cas de figure, ils sont subordonnés aux magistrats, aux administrateurs de greffe et aux greffiers en chef. Jusqu'à une période récente, les greffiers étaient recrutés parmi les diplômés du Centre de formation et de perfectionnement administratif (CFPA). Depuis 2010, les élèves greffiers sont formés au Centre national de formation judiciaire. Ils sont recrutés parmi les titulaires du baccalauréat.

D. Les secrétaires des greffes et parquets

Les secrétaires des greffes et parquets concourent au bon fonctionnement des juridictions et des parquets. Ils sont plus particulièrement chargés d'assurer le secrétariat des juridictions et des parquets. Comme les greffiers, ils sont subordonnés aux magistrats et aux greffiers en chef. Les secrétaires des greffiers et parquets sont recrutés par concours professionnel ouvert aux fonctionnaires et agents de la hiérarchie C, ayant quatre années d'activités dans les administrations de la justice. 5 % des postes sont réservés à des « emplois réservés ».

E. Les interprètes judiciaires

Il existe, dans le domaine de l'interprétation judiciaire, deux corps : le corps des secrétaires-interprètes et le corps des interprètes judiciaires.

a) Les secrétaires-interprètes : ils ont pour vocation de prêter leur concours pour assurer le fonctionnement des greffes et parquets. Ils interviennent également dans les différentes juridictions en assumant des fonctions d'interprétation.

b) Les interprètes judiciaires : le corps des interprètes judiciaires est nouvellement créé dans le but d'élever le niveau des agents chargés de l'interprétation dans les formations judiciaires. Ils sont formés au centre national de formation judiciaire.

Indépendamment des agents qui viennent d'être indiqués, qui sont régis par le statut général de la fonction publique et dont la particularité est d'être liés à la prise des décisions de justice, il existe au sein de l'administration de la justice d'autres catégories d'agents chargés plus spécialement de l'exécution des décisions de justice.

§II — Les personnels chargés de l'exécution des décisions de justice

Les personnels qui figurent dans cette rubrique sont chargés de l'exécution des décisions prises par les juridictions. Ils comprennent, entre autres, les éducateurs spécialisés et les agents de l'administration pénitentiaire.

I. Les éducateurs spécialisés

Les éducateurs spécialisés ont pour mission d'assurer l'observation et l'action éducative sur les mineurs délinquants ou en danger, confiés au service de l'éducation surveillée. Ils sont régis par le statut général de la fonction publique et par le décret 77-928 du 27 octobre 1977 portant statut particulier des fonctionnaires de la justice, sont classés dans la hiérarchie B de l'administration publique. Ils sont recrutés parmi les diplômés du Centre national de formation judiciaire (section éducateurs spécialisés).

II. Les agents de l'administration pénitentiaire

Comme la police et la douane, **l'administration pénitentiaire** est régie par un statut spécial dérogatoire du statut général de la fonction publique. Ce statut définit la mission, les conditions de recrutement et de déroulement de carrières des différentes catégories des personnels.

Aux termes de l'article premier de la loi 72-23 du 12 avril 1972 portant statut des personnels, *« l'administration pénitentiaire est chargée de la garde, de la gestion et du bon fonctionnement des maisons d'arrêt, des maisons de corrections et des camps pénaux. Ses membres participent aux comités d'assistance, aux libertés conditionnées. En cas de besoin, ils peuvent être constitués en forces supplétives de police et utilisées dans les tâches de maintien de l'ordre »*. Pour l'exécution des missions qui leur sont confiées, les personnels de l'administration pénitentiaire ont été répartis en quatre corps : le corps des inspecteurs de l'administration pénitentiaire, le corps des contrôleurs, le corps des agents administratifs et le corps des surveillants de prison. Ces différents corps sont soumis à une réglementation à caractère militaire comprenant deux sortes de dispositions : des règles d'ordre général applicables à l'ensemble des personnels et des dispositions particulières propres à chaque corps.

1. Règles d'ordre général applicables à l'ensemble des personnels de l'administration pénitentiaire

Les règles d'ordre général régissant l'ensemble des corps sont l'obligation du port de l'uniforme, l'obligation de disponibilité permanente, l'obligation de réserve et l'obligation de neutralité politique.

a) L'obligation du port de l'uniforme : les personnels de l'administration pénitentiaire sont tenus, comme tous les corps paramilitaires, à l'obligation du port de l'uniforme. Toutefois des dérogations à cette règle peuvent être accordées par le ministre chargé de l'administration pénitentiaire.

b) L'obligation de disponibilité permanente : les membres de l'administration pénitentiaire sont soumis à l'obligation de disponibilité permanente. Ils ne peuvent se déplacer hors de leur localité ou du siège de leurs services sans autorisation écrite ou sans ordre de mission de l'autorité responsable du service.

c) L'obligation de réserve : les personnels de l'administration pénitentiaire sont tenus à l'obligation de réserve. Ils doivent s'abstenir en public de tout acte ou propos de nature à discréditer leur service ou à troubler l'ordre public. Toutefois, ils peuvent être auteurs de publications littéraires, artistiques, sans cependant pouvoir invoquer leur qualité de membres de l'administration pénitentiaire.

d) L'obligation de neutralité politique : les membres de l'administration pénitentiaire ne peuvent appartenir ni à un parti politique ni à un syndicat, association ou mouvement à caractère politique ou revendicatif. De manière générale, ils ne peuvent participer à aucune manifestation ou association quelconque sans autorisation du ministre chargé de l'administration pénitentiaire. Les exceptions sont constituées par les associations sportives, les associations reconnues d'utilité publique, les associations copropriétaires et les associations religieuses[60].

2. Les règles particulières propres aux différents corps de personnels de l'administration pénitentiaire

La nouvelle organisation des personnels de l'administration pénitentiaire est sensiblement différente de celle énoncée par la loi 72-23 du 19 avril 1977 qui distinguait les agents administratifs, les contrôleurs et les gardiens de prison. La distinction actuelle est plus moderne, partant, plus rationnelle : on trouve ainsi : les inspecteurs de l'administration pénitentiaire (hiérarchie A), les contrôleurs (hiérarchie B), les agents administratifs et les surveillants de prison (hiérarchie C).

a) **Les inspecteurs de l'administration pénitentiaire** : ce sont les cadres supérieurs de l'administration pénitentiaire. Ils ont des missions de conception, de gestion administrative, d'inspection, d'enquêtes, d'études relatives à l'organisation et au fonctionnement des services. À ces missions s'ajoutent des missions de liaison auprès des services de sécurité et des juridictions.

Les inspecteurs de l'administration pénitentiaire sont recrutés et formés à l'École nationale de police. Pour le concours direct, les candidats doivent être titulaires d'une

[60] Ainsi que des associations créées pour et par le personnel de l'administration pénitentiaire.

maîtrise de l'enseignement supérieur. Les candidats au concours direct doivent s'engager à servir au minimum quinze années dans l'administration pénitentiaire après leur sortie de l'école nationale de police. Le cas échéant, ils sont tenus de rembourser leurs frais d'études.

b) Les contrôleurs de l'administration pénitentiaire : ils sont chargés d'assister les inspecteurs dans l'exercice de leurs missions. Ils peuvent, lorsque l'intérêt du service l'exige, les suppléer. Les contrôleurs appartiennent à la hiérarchie B. Ils sont recrutés par concours direct et par concours professionnels. Le concours direct est ouvert aux titulaires du Baccalauréat ou de tout autre diplôme admis en équivalence. Pour le concours professionnel, il est destiné aux agents de l'administration pénitentiaire âgés de 55 ans au plus, ayant effectué au moins quatre années de services effectifs. Les candidats admis effectuent une scolarité d'une année à l'École nationale de police.

c) Les agents administratifs de l'administration pénitentiaire : les agents administratifs ont pour rôle d'assurer des missions inhérentes à l'administration et à la gestion dans les services centraux et dans les établissements pénitentiaires. Ils sont recrutés par concours direct. Le concours direct est ouvert aux titulaires de brevet de fin d'études moyennes (BFEM). Les candidats doivent avoir l'âge de 20 ans au moins et de 30 ans au plus. Ils doivent souscrire un engagement de servir au moins quinze ans dans l'administration pénitentiaire. Les candidats retenus effectuent leur scolarité d'une durée d'une année à l'École nationale de police.

d) Les surveillants de prison : anciennement appelés gardiens de prison, les surveillants de prison sont chargés d'assurer la surveillance des détenus, du maintien de la discipline et du bon ordre dans les établissements qui leur sont confiés par leurs supérieurs hiérarchiques. Les surveillants de prison sont recrutés par concours direct et par voie des emplois réservés. Le concours direct est ouvert aux titulaires du certificat d'études primaires élémentaires. Les candidats doivent avoir 20 ans au moins et 30 ans au plus au 1er janvier de l'année du concours. Ils effectuent une année de formation à l'École nationale de police. Ils doivent s'engager à effectuer au moins quinze années de service après leur sortie de l'école. Pour le recrutement au titre des emplois réservés, les candidats doivent remplir les conditions prévues par la réglementation en vigueur relative aux emplois réservés. Ils doivent, en outre, s'engager à servir quinze années après leur sortie de l'École nationale de police.

Cette revue des différentes catégories de personnels montre que chacune d'elles joue cependant un rôle déterminé dans l'échiquier judiciaire. Jusqu'à la création du Centre national de formation judiciaire en 2010, les personnels judiciaires provenaient de différentes sources. Désormais leur formation est rationalisée où les personnels judiciaires reçoivent une formation dispensée par le Centre de formation judiciaire, à l'exception des agents de l'administration pénitentiaire

SECTION 2 :
LA RATIONALISATION DU SYSTÈME DE FORMATION DES PERSONNELS JUDICIAIRES

Jusqu'à l'institution du **Centre national de formation judiciaire**, les personnels du secteur public de la justice étaient formés suivant plusieurs filières : l'École Nationale d'Administration et de la magistrature (ENAM) pour les magistrats, le Centre de formation et de perfectionnement administratif (CFPA) pour les greffiers, l'École nationale des assistants et éducateurs sociaux pour les agents de l'éducation surveillée, l'école nationale de police pour les agents de l'administration pénitentiaire.

Créé par le décret 95-20 du 6 janvier 1995, le **Centre national de formation judiciaire** a été au départ réservé aux seuls magistrats. Certes, il a, sous cette formule, fonctionné pendant une décennie avec des résultats probants, mais il n'a pu faire face à tous les défis et besoins posés par le problème de la formation des personnels de justice. Il est apparu dès lors nécessaire de le réformer en lui donnant non seulement des moyens juridiques et financiers accrus, mais en élargissant également les filières de formation suivies. C'est ainsi qu'à côté des magistrats, d'autres catégories de personnels y sont formées depuis 2010 : administrateurs de greffe, greffiers, inspecteurs de l'éducation surveillée et de la protection sociale, éducateurs spécialisés, interprètes judiciaires.

§I — Buts et missions du Centre national de formation judiciaire

Le Centre national de formation judiciaire est un établissement professionnel. Il a pour mission d'assurer la formation des personnels de justice. Son objectif vise à dispenser un enseignement de qualité pour l'ensemble des filières de formation au profit de tous les acteurs du secteur public de la justice. Le centre a également une vocation internationale de coopération judiciaire, avec les possibilités offertes aux pays de la sous-région ouest-africaine d'y envoyer leurs ressortissants.

§II — L'organisation du Centre national de formation judiciaire

Le Centre national de formation judiciaire dispose d'une organisation administrative, financière et scientifique.

A. L'organisation administrative

L'organisation administrative du **Centre national de formation judiciaire** repose sur les organes suivants : le conseil de direction, le directeur du centre, le conseil des formateurs et le conseil de discipline.

1. Le conseil de direction

Il est présidé par le garde des Sceaux, ministre de la Justice. Il comprend en outre des personnalités du monde de la justice. Il est chargé de délibérer sur toutes les questions qui concourent au bon fonctionnement de l'établissement. Il détermine les orientations générales de la politique de formation, contrôle l'exécution de ses décisions, détermine également les options d'ordre pédagogique et financier.

2. Le directeur du centre

La direction du Centre national de formation judiciaire est assurée par un directeur nommé par décret. Le directeur est nécessairement un magistrat. Il a rang et prérogatives de directeur à l'administration centrale. Il est assisté par un directeur adjoint. **Le directeur** est chargé de l'administration générale du centre. À ce titre, il assure l'exécution des délibérations du conseil de direction. Il assure le fonctionnement des programmes de formation et des enseignements ainsi que la discipline au sein de l'établissement.

3. Le conseil des formateurs

Dans chaque section de formation, il est créé un conseil des formateurs qui comprend : le directeur du centre, président, le coordinateur et le personnel enseignant ainsi que les chargés des travaux dirigés. Le conseil des formateurs donne son avis sur les évolutions et équipements pédagogiques. Il peut proposer des modifications dans l'organisation des enseignements. Il donne son avis sur les propositions de sanctions, les exclusions définitives pour mauvais comportement ou insuffisance de travail.

4. Le conseil de discipline

Il est présidé par le directeur du centre. Il comprend le directeur adjoint, trois représentants des formateurs, les directeurs de services, le coordonnateur de la section intéressée. Le conseil de discipline se prononce sur les différents cas de discipline indiqués dans le règlement intérieur de l'établissement.

B. L'organisation financière

Le centre bénéficie de l'autonomie financière. Il dispose de ressources propres. Celles-ci comprennent : la dotation budgétaire ordinaire annuelle, les dotations budgétaires extraordinaires, les subventions et aides attribuées au centre, le produit des prestations, divers résultats d'activités rémunératrices, les dons et legs au centre, les droits d'inscription aux concours et études, la participation des États dont les ressortissants étudient au **centre** et toutes autres ressources approuvées par le conseil de direction. Les dépenses et charges de l'établissement comprennent les traitements et indemnités versées aux formateurs et au personnel d'encadrement, aux acquisitions de biens et services et toutes autres dépenses autorisées par le conseil de direction.

C. L'organisation scientifique et pédagogique du centre

Le Centre national de formation judiciaire est articulé, sur le plan pédagogique, en trois sections : la section « **magistrature** », la section « **administrateurs des greffes** », et la section « **protection sociale** ». Chacune de ces sections regroupe l'ensemble des élèves, les personnels chargés des enseignements et des travaux dirigés ainsi que les personnels d'appui. Les sections sont chargées d'appliquer les programmes de formation arrêtés par le conseil de direction.

1. La section « magistrature »

Elle est coordonnée par le directeur adjoint du centre. Les élèves de cette section portent le titre d'« auditeurs de justice ». Ils sont recrutés par voie de **concours direct** parmi les titulaires d'un master en sciences juridiques et politiques ou d'un diplôme reconnu équivalent. Les candidats doivent en outre remplir les conditions d'accès à la fonction publique. La limite d'âge est fixée à 40 ans au premier janvier de l'année du concours. Le concours professionnel est ouvert aux agents de l'État, titulaires de la maîtrise en sciences juridiques et politiques, totalisant cinq années de services effectifs dans la hiérarchie B. La durée des études est de deux ans.

2. La section « administrateurs de greffes »

Elle comprend trois sous-sections : « administrateurs de greffes », « greffiers » et « interprètes judiciaires ».

a) **Sous-section : « administrateurs de greffes ».** Les élèves sont recrutés par concours direct et concours professionnel.

1- **Concours direct** : les candidats doivent avoir la maîtrise ès sciences juridiques ou d'un diplôme reconnu équivalent. Ils doivent en outre remplir les conditions exigées pour l'accès à la fonction publique.

2- **Concours professionnel** : les candidats proviennent des greffiers en chef, âgés de 55 ans au plus au premier janvier de l'année du concours.

b) **Sous-section : « greffiers ».** Le recrutement se fait par concours direct et concours professionnel.

1- **Concours direct** : être titulaire du baccalauréat, être âgé de 35 ans au plus au premier janvier. Remplir les conditions d'accès à la formation publique.

2- **Concours professionnel** : il est ouvert aux candidats agents de l'État, titulaires de la hiérarchie B.

c) **Sous-section : « interprète judiciaire »**. Deux voies d'accès sont prévues : concours direct et concours professionnel.

1- **Concours direct** : il est ouvert aux candidats sénégalais titulaires d'un baccalauréat, âgés de 35 ans au plus au 1er janvier de l'année du concours et remplissant les conditions générales d'accès à la fonction publique.

2- **Concours professionnel :** il est réservé aux agents de l'État de la hiérarchie B ou C âgés de 55 ans au plus au 1er janvier de l'année du concours.

3. Section « protection sociale et judiciaire »

1- **Sous-section** : inspecteurs de l'éducation surveillée et de la protection sociale. L'accès se fait par concours direct et concours professionnel

- **concours direct** : les candidats sont recrutés dans cette sous-section parmi les candidats sénégalais âgés de 35 ans au plus au 1er janvier de l'année du concours, titulaires d'une maîtrise ès sciences sociales, ès sciences de l'éducation ou ès sciences juridiques, ou d'un diplôme admis en équivalence et remplissant les conditions générales d'accès à la fonction publique.

- **concours professionnel :** il est ouvert aux agents de l'État âgés de 55 ans au plus au 1er janvier de l'année du concours ayant cinq années de services dans un des corps de la hiérarchie B.

2- **Sous-section : éducateurs spécialisés :** deux voies sont offertes :

1. **Concours direct** : les candidats sénégalais âgés de 35 ans au plus au 1er janvier de l'année du concours, titulaires du baccalauréat ou d'un diplôme équivalent et remplissant les conditions générales d'accès à la fonction publique.

2. **Concours professionnel** : il est ouvert aux agents de l'État âgés de 55 ans au plus au 1er janvier de l'année du concours, ayant 5 ans de services effectifs dans un corps de la hiérarchie B ou C.

La durée des études est de deux ans, sauf pour les éducateurs spécialisés, fixée à un an. Les stagiaires issus du concours direct perçoivent une allocation d'études. Les stagiaires provenant du concours professionnel conservent leur traitement. Ils sont mis en position de stage. Les « auditeurs de justice » et les « élèves administrateurs de greffes » prêtent serment : les premiers devant le 1er président de la cour d'appel, les seconds devant le tribunal de grande instance

*

*   *

Dans sa thèse de doctorat soutenue à l'Université de Fribourg

(Suisse) en 1955, Albert Tevodjré écrit *: « Pour que l'État ait une existence réelle, il faut d'abord un gouvernement compétent et stable des services de conception et d'exécution, contribuant à affirmer cette existence en un mot, il faut des cadres* »[61]. C'est dans cette optique que le Sénégal a entrepris depuis l'accession du pays à l'indépendance nationale un vaste programme de formation de cadres dans tous les domaines de l'activité nationale. Cette politique a permis aujourd'hui l'existence d'agents publics bien formés dans tous les secteurs. La justice n'est pas en reste. Les personnels formés depuis lors sont relativement nombreux : magistrats, greffiers, agents de l'administration pénitentiaire, éducateurs spécialisés. Ils

[61] La formation des cadres africains en vue de la croissance économique, thèse Université de Fribourg (Suisse) 1955, p. 23.

sont aujourd'hui partout dans toutes les structures du monde de la justice. Mais comme le soulignait fort justement Jean Coste, *« dans un pays comme le Sénégal l'insuffisance des institutions ne peut être compensée que par la valeur des hommes »*. Mais la qualité des hommes n'est pas toujours une condition suffisante pour atteindre les buts poursuivis par l'État. Le contrôle de l'activité des personnels devient dès lors une exigence fondamentale pour obtenir des résultats probants.

CHAPITRE 3

MÉTHODES ET TECHNIQUES DE CONTRÔLE DES ACTIVITÉS JUDICIAIRES

Montesquieu l'avait souligné en son temps : *« C'est une expérience éternelle que tout homme qui a du pouvoir est porté à en abuser »*[62]. La justice ne fait pas l'exception. Pour le pouvoir judiciaire, ce qui est en jeu, ce sont les libertés fondamentales de l'individu, c'est-à-dire les libertés d'aller et venir, d'agir ou ne pas agir. En d'autres termes, c'est l'ensemble des droits essentiels à la vie de tous les jours qui sont en cause ainsi que tous les droits dont l'existence n'est souvent perceptible que lorsqu'ils sont contrariés[63]. Le contrôle de l'action judiciaire s'impose par voie de conséquence. Mais le contrôle dont il s'agit n'est pas seulement un contrôle de légalité ou de régularité juridique. L'appareil judiciaire doit être en effet en mesure d'assurer l'application rapide et efficace de la loi. Le contrôle constitue un moyen de renforcement de la cohésion et de l'efficacité du pouvoir judiciaire. Il permet aussi de résoudre les conflits d'autorité, d'harmoniser l'action des différents services et organismes intervenant dans le domaine de la justice et d'assurer l'efficience et la rationalisation du système judiciaire dans sa globalité.

Tel que pratiqué au Sénégal, le contrôle vise à garantir les libertés individuelles et collectives et, dans tous les cas

---

[62] *Esprit des lois*, Livre XI, ch. IV.

[63] Cathala Thiery, *Le contrôle de la légalité administrative par les tribunaux judiciaires,* Paris, LGD, 1966.

de figure, à préserver l'intérêt public. Il est exercé sous des formes variées. **Il y a tout d'abord** tous les contrôles qui s'exercent sur les administrations publiques, applicables par conséquent à la justice (contrôle hiérarchique, contrôle par des organes spécialisés de la présidence de la République, contrôles externes, notamment par le médiateur de la République, contrôle parlementaire, etc.) **il y a ensuite** les contrôles propres au secteur public de la justice en raison de sa spécificité : contrôle par les juridictions supérieures chargées de vérifier la légalité et la régularité des décisions prises par les cours et tribunaux, contrôle exercé par des organes spécialisés propres à la justice.

SECTION 1 : LE CONTRÔLE EXERCÉ PAR LES JURIDICTIONS SUPÉRIEURES

Comme toute œuvre humaine, l'œuvre de justice n'est pas infaillible. Le principe du double degré de juridiction a été institué pour éviter tout risque d'erreur dans la prise des décisions de justice. C'est ainsi que tout litige, tout différend entre parties est d'abord examiné par un juge d'un tribunal de première instance (tribunal du premier degré) et ensuite, si les parties en conflit le demandent, par un juge d'un tribunal de deuxième degré supposé être plus compétent, plus expérimenté, partant, plus éclairé.

Le principe du double degré de juridiction a été introduit en droit judiciaire français depuis fort longtemps pour répondre à la préoccupation d'éviter des erreurs en matière d'administration de la justice. Répondant à cette exigence fondamentale, le législateur sénégalais a intégré le principe du double degré de juridiction dans l'organisation judiciaire mise en œuvre dès l'accession du pays à l'indépendance nationale. Ainsi existent aujourd'hui au Sénégal des cours d'appel et une Cour suprême, juridictions supérieures chargées d'assurer le contrôle des décisions des juridictions inférieures.

§I — Le contrôle exercé par la juridiction d'appel

Le concept d'acte abusif ou d'exercice illégal de l'autorité judiciaire recouvre des formes les plus diverses. C'est par le contrôle de légalité de l'acte de justice mis en cause qu'il devient possible de déterminer l'étendue de l'illégalité commise par le premier juge. C'est dans ce sens qu'il faut comprendre l'importance du recours devant la cour d'appel.

Aux termes de l'article 254 du Code de procédure civile, la **cour d'appel** *« connaît de l'appel de tous les jugements rendus en premier ressort par les tribunaux de première instance »*[64]. Cette disposition est générale. Elle concerne tous les jugements, qu'ils soient d'ordre civil, pénal ou commercial. Peuvent intervenir, pour faire appel d'un jugement, tous ceux qui justifient d'un intérêt. En matière pénale, plus précisément, ce sont : le prévenu, la personne responsable civilement, la partie civile, le procureur de la République, lorsqu'il exerce l'action publique, le procureur général près la cour d'appel.

Après instruction du dossier par la chambre compétente, la cour d'appel peut pendre une des décisions suivantes : déclarer l'appel irrecevable, confirmer le jugement, objet de l'appel, infirmer totalement ou partiellement ledit appel. Si le jugement est confirmé, il revient au tribunal qui l'a rendu de le faire exécuter. Si en revanche le jugement est infirmé partiellement, la cour d'appel peut soit le retenir pour statuer au fond, soit le renvoyer au même tribunal autrement

---

[64] Tribunaux de grande instance depuis la loi portant réforme judiciaire.

composé ou à un autre tribunal. Si le jugement est infirmé totalement, la cour retient l'affaire et statue définitivement.

Nul doute que le mécanisme du double **degré de juridiction** présente de réels avantages pour les justiciables. Il permet en effet non seulement de préserver les droits individuels des parties au procès, mais constitue également un refuge pour toutes les libertés individuelles et publiques en préservant le bloc de légalité qui régit le système judiciaire national. S'y ajoute la possibilité donnée aux parties et au ministère public, lorsqu'ils le désirent, de présenter des recours ou pourvois en cassation devant la Cour suprême, instance suprême du système juridictionnel.

§II — Le contrôle exercé par la Cour suprême

La **Cour suprême**, juridiction suprême de l'ordre juridictionnel, joue en matière de contrôle de l'action judiciaire un rôle de la plus grande importance. Gardienne des libertés, de la légalité et de la régularité juridique, elle exerce en effet un contrôle sur toutes les décisions de justice qui lui sont soumises par pourvoi ou recours en cassation.

La Cour suprême se prononce sur tous les pourvois en cassation pour incompétence, violation de la loi ou de la coutume dirigés contre les arrêts et jugements rendus en dernier ressort par toutes les juridictions et contre les décisions rendues dans les mêmes conditions par les organismes administratifs à caractère juridictionnel et par les conseils d'arbitrage des conflits du travail[65]. Cette mission de la Cour suprême n'écarte pas les autres missions importantes assumées par la juridiction suprême : demandes en révision, demandes de renvoi d'une juridiction à une autre pour cause de suspicion légitime, règlement de jugement entre juridictions, contrariétés de jugements ou arrêts rendus en

[65] Exposé des motifs loi organique 2008-35 sur la Cour suprême.

dernier ressort entre les mêmes parties et sur les mêmes moyens entre différentes juridictions.

I. Procédure de saisine de la Cour suprême

Les pourvois et les recours en cassation sont présentés sous la forme d'une requête écrite, signée par un avocat exerçant légalement au Sénégal. Elle peut l'être également par un ministre ou un fonctionnaire habilité à cet effet au nom de l'État. La requête doit indiquer les noms et domiciles des parties, contenir un exposé sommaire des faits et moyens, ainsi que les conclusions. À la requête, il devra être joint soit l'expédition de la décision juridictionnelle attaquée ou de la décision administrative ou d'une pièce justifiant le dépôt d'une réclamation. Le demandeur au pourvoi doit nécessairement, dans un délai de deux mois à compter du dépôt de sa requête, consigner une somme suffisante pour assurer le paiement des droits de timbre et d'enregistrement requis. La somme ainsi consignée est mise à la disposition du receveur de l'enregistrement par le greffier en chef de la Cour suprême.

II. Déroulement de la procédure devant la Cour suprême

L'enroulement du dossier de pourvoi est assuré par le greffier en chef de la Cour suprême dès le dépôt de la requête, avec l'ensemble des pièces qui doivent l'accompagner. La procédure suivie varie selon qu'il s'agit de recours en matière pénale, civile ou administrative. En règle générale, elle consiste en la communication du dossier à la partie adverse pour lui permettre de préparer sa défense. Il y a ensuite le dépôt des mémoires ainsi que des pièces requises par les parties, l'avis requis par le greffier en chef au chef de service de la documentation et d'études de la Cour. Dès achèvement de la procédure et des différentes formalités requises, le greffier en chef transmet le dossier au président de la chambre compétente.

III. Délibération de la Cour suprême

Dès qu'il est saisi par le premier président, le président de chambre compétente désigne un **rapporteur** chargé de suivre la procédure. Celui-ci peut, à ce titre, demander communication du dossier des juges du fond s'il le souhaite. Une fois le travail terminé, le **rapporteur** transmet son rapport au ministère public pour avis.

Il appartient au président de chambre d'inscrire l'affaire au rôle d'une audience. Il doit prendre toutes les dispositions nécessaires pour éviter des retards quelconques dans l'examen du dossier. La Cour suprême se réunit en séance publique sur le rapport du **conseiller rapporteur,** le ministère public entendu.

Les arrêts de la Cour sont toujours motivés. Elle peut prendre les décisions suivantes : rejeter la requête pour incompétence et renvoyer le dossier à la juridiction compétente, casser l'arrêt ou le jugement attaqué pour violation de la loi ou de la coutume et le renvoyer devant une autre juridiction du même ordre. Dans ce cas, elle devra indiquer les dispositions qui ont été violées[66].

En plus des contrôles exercés par les juridictions supérieures sur les actes pris par des juridictions placées à un échelon inférieur, il existe des organes de contrôle spécialisés chargés d'assurer le contrôle des structures et personnels de l'ordre judiciaire.

SECTION 2 : LE CONTRÔLE EXERCÉ PAR LES ORGANES SPÉCIALISÉS

Il existe une pluralité d'organes spécialisés chargés de contrôler l'activité et le fonctionnement des structures judi-

[66] La Cour suprême peut aussi casser un arrêt ou jugement sans renvoi devant une autre juridiction si elle le juge nécessaire.

ciaires. Il s'agit notamment de l'inspection générale de l'administration de la justice, de l'inspection générale des cours et tribunaux et de l'inspection générale des parquets. Un observatoire des lieux de privation de liberté a été récemment ajouté à la liste des organes de contrôle judiciaire. La création de ces différents organes de contrôle spécialisés répond à la nécessité de renforcer l'efficacité du fonctionnement des juridictions et des services de la justice. Elle s'est faite cependant de manière empirique au grès des circonstances et s'est étoffée au fil du temps.

Au départ, il existait une seule inspection des services judiciaires créée par le décret 62-0403 du 25 septembre 1962. Le fonctionnement de cette inspection n'ayant pas répondu aux attentes fondées en elle, il fut créé à la place deux corps d'inspection : l'inspection générale des parquets[67] et l'inspection générale des cours et tribunaux[68]. Pour des raisons liées au souci de rationalisation et de simplification des structures de contrôle, les deux inspections précitées ont été supprimées par la loi 98-33 du 26 mars 1998 qui a institué à la place un seul corps d'inspection : l'inspection générale de l'administration de la justice. Le but recherché par cette réforme, aux termes de l'exposé des motifs de la loi, est d'*« assurer une plus grande efficacité et une homogénéité des inspections judiciaires en une seule et même structure centralisatrice qui pourrait constituer un observatoire du fonctionnement des juridictions du point de vue des délais de jugement ou des moyens matériels »*. Ainsi fut créée **l'inspection générale de l'administration de la *justice,*** *« un instrument d'évaluation et de contrôle indispensable à la définition des ressources et besoins humains et matériels de la justice ainsi qu'à la promotion*

---

[67] Créée par le décret 75-707 modifié par le décret 92-1303 du 22 septembre 1992.

[68] Créée par la loi 75-35 du 9 juillet 1975 modifiée par la loi 92-29 du 4 juillet 1992.

d'un meilleur fonctionnement des services judiciaires »[69]. Mais sans que les motifs aient été explicités de manière pertinente, les anciennes inspections (inspection générale des cours et tribunaux et inspection générale des parquets) sont recréées avec la réforme sur la Cour suprême réalisée par la loi 2008-35 du 8 août 2008. Ainsi coexistent aujourd'hui au sein de la justice trois corps d'inspection : l'inspection générale de l'administration, l'inspection générale des cours et tribunaux et l'inspection générale des parquets.

§I — L'inspection générale de l'administration de la justice

Elle est placée sous l'autorité du garde des Sceaux, ministre de la Justice. Elle est chargée de la mission permanente d'inspection sur l'ensemble des juridictions et services judiciaires, à l'exception toutefois de la Cour suprême et du Conseil constitutionnel.

L'inspection générale de l'administration de la justice est dirigée par un inspecteur général nommé par décret. Il est assisté d'un inspecteur général adjoint et des inspecteurs de l'administration de la justice. Il est investi d'un pouvoir général d'investigation, de vérification et de contrôle très large. Il peut ainsi entreprendre toutes investigations portant sur le fonctionnement des juridictions ou organismes ou services dépendant du ministère de la Justice. Son pouvoir de contrôle porte sur l'organisation des services, les méthodes et la manière de servir des personnels, la qualité et le rendement des services, le respect des prescriptions légales et réglementaires, le rythme de l'administration de la justice, la conduite et la tenue des magistrats et du personnel de justice. L'adjoint de

[69] Exposé des motifs de la loi.

l'inspecteur général et les inspecteurs de l'administration jouissent des mêmes prérogatives.

L'inspection générale de l'administration de la justice établit un programme annuel d'inspection après consultation du 1er président de la Cour suprême et du procureur général près ladite Cour, des premiers présidents des cours d'appel et des procureurs généraux près des cours d'appel, ainsi que des directeurs de l'administration centrale. Ledit programme est soumis ensuite au garde des Sceaux, ministre de la Justice. Outre les missions prévues par le programme annuel, **l'inspecteur général de l'administration** peut être chargé de missions particulières par le président de la République, président du Conseil supérieur de la magistrature et par le garde des Sceaux, ministre de la Justice.

Dans le cadre de leurs missions, **l'inspecteur général**, son adjoint et les inspecteurs de l'administration de la justice *« peuvent convoquer et entendre toute personne, y compris tout magistrat, tout officier ministériel, tout auxiliaire de justice et tout agent du personnel de justice, et se faire communiquer tout document ».*[70]

L'inspection générale établit à la suite de chaque inspection un rapport sur le fonctionnement des juridictions ou services, notamment sur l'organisation, les méthodes, la diligence et la manière de servir des personnels. Elle peut faire toutes suggestions propres à accroître le rendement, l'efficacité de la juridiction ou du service considéré.

§II — L'inspection générale des cours et tribunaux

L'inspection générale des cours et tribunaux est placée sous l'autorité du premier président de la Cour suprême.[71] Les missions qui lui sont confiées sont très éten-

---

70 Article 7 loi 98-23 du 26 mars 1998 instituant l'inspection générale de l'administration.

71 Article 11 alinéa 9 de la loi organique sur la Cour suprême.

dues[72]. Elles portent sur le fonctionnement des juridictions, notamment sur la qualité, le respect des dispositions légales et réglementaires, la productivité professionnelle des magistrats, le comportement des personnels judiciaires et de manière générale, sur l'éthique et la déontologie professionnelle.

L'inspection générale des cours et tribunaux dispose d'un budget inscrit dans un chapitre spécial affecté à un compte de dépôt simple au Trésor. Il revient **à l'inspecteur général** de gérer lesdits crédits suivant les règles telles que définies par le décret portant régime financier de la Cour suprême. Les règles de procédure, d'organisation et de fonctionnement de l'inspection générale des cours et tribunaux sont déterminées par arrêt de **l'inspecteur général.**

Compte tenu de la lourdeur de ses charges, le 1er président de la Cour suprême peut désigner parmi les magistrats de la Cour un coordinateur chargé de l'assister dans ses tâches administratives et financières.

À l'issue d'une mission d'inspection ou de contrôle, l'inspecteur général a la possibilité de prescrire toutes mesures urgentes, avec application immédiate relativement au fonctionnement de la juridiction ou services objet de l'inspection. Il en rend compte sans délai au garde des Sceaux, ministre de la Justice.

L'inspecteur général adresse après chaque mission un rapport au ministre de la Justice. Il peut joindre à ce rapport des notes portant sur la manière de servir du magistrat ou agent inspecté. Cette note est insérée dans le dossier de l'intéressé.

L'inspecteur général peut requérir le service de tout magistrat ou personne qualifiée pour l'assister dans l'accomplissement d'une mission donnée. Ledit magistrat dispose de tous les pouvoirs d'investigation, de vérification

---

72 Elles sont définies par le décret 2011-84 du 18 janvier 2011.

et de contrôle nécessaire portant sur le fonctionnement des services ainsi que sur le comportement des magistrats et des personnels de l'ordre judiciaire. Le magistrat désigné présente à **l'inspecteur général** un rapport de mission. Il en est de même des premiers présidents des cours d'appel, des présidents de la chambre d'accusation de la cour d'appel et des chefs de juridictions qui effectuent de leur propre initiative les contrôles qui leur incombent en vertu de la législation en vigueur.

§III — L'inspection générale des parquets

L'inspection générale des parquets est placée sous la direction du procureur général près la Cour suprême qui devient inspecteur général en raison de ses fonctions.

L'inspecteur général a pour mission d'inspecter de sa propre initiative tous les parquets et leurs services, à l'exception du parquet général de la Haute Cour de justice. Son contrôle porte sur le fonctionnement des parquets : qualité et rendement des services, respect des prescriptions légales et réglementaires, rythme de traitement des procédures, productivité professionnelle des personnels, conduite et tenue des magistrats et des personnels judiciaires, de manière générale, sur l'éthique et la déontologie.

Dans l'exercice de ses prérogatives, **l'inspecteur général** peut faire appel au concours de tout autre magistrat du parquet ou toute autre personne possédant les qualifications requises pour l'assister. Celui-ci a les prérogatives nécessaires pour entendre tout magistrat, officier de police judiciaire, officier ministériel ou auxiliaire de justice et tout agent du personnel de la justice. Il peut se faire communiquer tout document nécessaire pour l'accomplissement de sa mission. Le magistrat du parquet appelé à collaborer avec **l'inspecteur général** jouit des prérogatives d'investigation et de contrôle les plus larges. Il peut ainsi contrôler le fonctionnement des services des parquets et apprécier l'activité et le comportement des magistrats du parquet et des personnels de la justice.

L'inspecteur général adresse à l'issue de chaque inspection, un rapport au garde des Sceaux, ministre de la Justice. Il peut accompagner ce rapport de notes relativement à la manière de servir des magistrats du parquet ou des agents objet de l'inspection. **L'inspecteur général** dispose du pouvoir de prescrire des mesures urgentes, avec une application immédiate, lorsqu'il le juge nécessaire, dans le but d'assurer un meilleur fonctionnement des parquets. Il en rend compte dans les meilleurs délais au ministre de la Justice.

L'inspecteur général est chargé de la gestion administrative et financière de l'inspection générale. Il est administrateur des crédits affectés à l'inspection générale conformément aux règles définies par le décret portant régime financier de la Cour suprême. Les membres de l'inspection générale bénéficient d'indemnités mensuelles lorsqu'ils exercent d'autres activités au sein de la Cour suprême. Ces indemnités sont payées sur le budget de l'inspection. Leur montant est fixé par arrêté de l'inspecteur général.

Toutes les considérations qui viennent d'être explicitées nous renforcent dans la conviction que la **justice** se distingue des autres administrations publiques : par ses missions, son organisation et son fonctionnement. Certes, elle est soumise aux mêmes règles et principes de gestion, mais elle revêt essentiellement des aspects particuliers. Cette situation est certainement la conséquence de ses dimensions institutionnelles, techniques et politiques spécifiques.

TROISIÈME PARTIE

LA DIMENSION POLITIQUE DE LA JUSTICE

Le pouvoir politique est une force sociale institutionnalisée. Il transcende toutes les autres forces d'une société donnée. Il est, en d'autres termes, un pouvoir prééminent qui intègre toutes les fonctions étatiques.

Garant du salut national d'un pays, c'est-à-dire de sa prospérité, de sa sécurité et de sa puissance, **le pouvoir politique** incarne le suprême degré des pouvoirs. Il est ainsi l'unique responsable de l'organisation et du fonctionnement du pays. Il lui appartient, à ce titre, de définir les objectifs généraux et spécifiques de la collectivité nationale. Il détermine les voies et moyens pour atteindre les objectifs ainsi définis.

Par rapport au pouvoir judiciaire, le pouvoir politique est la source de droit positif. Il est au-dessus de toutes autres sources du droit. Il crée et organise les services publics judiciaires, définit le statut des magistrats et crée les conditions de fonctionnement des juridictions. Il désigne les titulaires de toutes fonctions judiciaires et définit les orientations générales de la politique judiciaire.

La justice apparaît dans ce contexte comme l'un des attributs essentiels de l'État, un pilier fondamental de l'État de droit. Depuis la nuit des temps, elle est demeurée malgré les âges et les vicissitudes de l'histoire la fonction première de l'institution étatique, la clé de voûte de l'entité souveraine. C'est dans cet esprit que les orientations générales de la politique judiciaire nationale ainsi que les institutions judiciaires mises en œuvre au lendemain de l'accession du pays à l'indépendance nationale traduisent la volonté constante des autorités politiques nationales de construire un système judiciaire capable de répondre aux exigences de liberté et de démocratie telles qu'elles sont incarnées par le peuple sénégalais.

CHAPITRE 1

LES ORIENTATIONS GÉNÉRALES DE LA POLITIQUE JUDICIAIRE NATIONALE

Le système judiciaire sénégalais a beaucoup évolué depuis l'indépendance du pays. Il s'agit aujourd'hui de l'adapter à un contexte caractérisé par la complexité et la diversité des phénomènes politiques, économiques et sociaux qui agitent le monde. C'est l'évidence ! Il existe un réel écart entre la société d'aujourd'hui et le système judiciaire tel qu'il fonctionne depuis les indépendances africaines. Il subsiste encore dans le fonctionnement des services et des juridictions de très nombreux dysfonctionnements qui entravent gravement l'action judiciaire : insuffisance et vétusté des infrastructures et des équipements, engorgement des prisons et lieux de détention, très longs délais de traitements des dossiers, insuffisance des personnels particulièrement dans les juridictions inférieures, etc. Il faut donc agir et très vite. Le programme national entrepris vise trois objectifs : modernisation des institutions, de la législation et des infrastructures et équipements.

SECTION 1 : LA MODERNISATION DES INSTITUTIONS JUDICIAIRES

La réforme du système judiciaire est certainement l'une des entreprises les plus difficiles pour l'État. D'aucuns ont même soutenu qu'elle est dans le domaine des réformes impossibles.

Les dysfonctionnements constatés dans le fonctionnement du système judiciaire n'expliquent pas toujours le besoin d'un changement profond du système judiciaire. La raison d'une véritable réforme réside principalement dans l'écart entre l'évolution de la société et l'évolution de la gouvernance des grands ensembles dans un monde où les techniques et l'économie évoluent à grande vitesse, créant des situations sans cesse remises en cause. Plusieurs réformes du système judiciaire ont été entreprises depuis l'indépendance du Sénégal : 1960, 1984, 1992, 1999, décennie 2001-2012. Toutes ces réformes n'ont pas permis de jeter les bases d'un système égal pour tous, rationnellement organisé.

Dans leur volonté de faire évoluer rapidement le système judiciaire, les autorités ministérielles qui se sont succédé à la tête du département de la justice ont certes eu le désir d'une transformation du système judiciaire, mais elles ont dû agir dans les limites du temps qu'elles avaient à passer sur le fauteuil ministériel. Or le temps n'est pas compté quand il s'agit d'une réforme comme celle de la justice. Celle-ci détourne en effet en raison de son racinement profond dans la société sénégalaise et de son imprégnation idéologique. Il faut nécessairement, dans ce domaine, une très longue période de maturation et une sensibilisation très forte avant sa mise en œuvre. Les bases de toute réforme du système judiciaire sont pourtant très simples. Il faut utiliser l'approche systémique, concilier l'unité fondamentale du système judiciaire et la diversité de ses structures internes.

Les institutions publiques et la gouvernance sont toujours marquées par des édifices juridiques et institutionnels qui ont été élaborés depuis des siècles. Des défis d'une ampleur sans précédent ont fini par se poser. De nouveaux systèmes de pensée et d'organisation sont ainsi mis à jour. Un des problèmes les plus difficiles qui s'était posé à l'époque de l'élaboration et de la mise en œuvre du système judiciaire sénégalais en 1960 concernait l'établissement ou non d'une juridiction spéciale pour juger les infractions à caractère politique, notamment les crimes et délits commis par les ministres, les atteintes à la sûreté et à la sécurité de l'État. Deux options avaient été présentées : création d'un tribunal spécial ou application pure et simple du droit commun. En définitive, il fut retenu la création de la Haute Cour de justice (Constitution du 7 mars 1963) et le tribunal spécial (loi 61-57 du 21 juillet 1961). L'institution du tribunal spécial a entraîné la modification de l'ordonnance 60-17 du 3 septembre 1960 relative à la Cour suprême. Aux termes de cette modification, aucun recours, aucune demande de révision n'est reçue contre les décisions du tribunal spécial, de son président et de son juge d'instruction.

Il faut retenir par ailleurs qu'un système judiciaire est certes un système socioculturel, mais il est, surtout, un système technique, c'est-à-dire un ensemble articulé de techniques de gestion du temps et de l'espace, de la matière grise, de l'information ainsi que de la régulation politique. L'approche technique a plusieurs conséquences ; impact sur la fonction « **démocratie** ». Elle modifie en effet les conditions d'exercice de la gouvernance (mode de concertation par internet), interférence dans le mode de prise de décision, modification de l'échelle de la gouvernance judiciaire, transformation du champ d'intervention des services de la justice.

L'autre défi est certainement le plus difficile, c'est l'adhésion des différents acteurs impliqués dans la réforme de la justice : partis politiques et société civile dans sa diversité. En règle générale, les ministres concernés par les réformes se contentent de rédiger des projets sans les consultations nécessaires, axés essentiellement sur des découpages artificiels de compétences. Généralement les projets de loi rédigés en interne sont directement déposés sur le bureau de l'Assemblée dès leur adoption par le conseil des ministres. Cette manière de faire a pour conséquence l'adoption d'une législation qui ne cadre pas toujours avec la réalité des faits.

SECTION 2 :
LA MODERNISATION DE LA LÉGISLATION ET DU DROIT JUDICIAIRE

Il y a une vérité que nul ne peut contester : le droit judiciaire est trop complexe, difficilement accessible aux non initiés. Non seulement il baigne dans une abondance indescriptible, mais son langage n'est pas toujours compris par les justiciables. Il y a également l'inadaptation de certains textes par rapport au contexte politique économique et social qui prévaut. Il s'y ajoute l'origine coloniale de certains d'entre eux que le Sénégal indépendant avait rapidement intégrés dans son patrimoine juridique, sans compter les nombreuses coutumes existantes qui continuent à servir de bases à bon nombre de décisions de justice.

L'idée de simplification et d'adaptation des textes législatifs et réglementaires n'est pas nouvelle. Un effort important de codification a déjà été entrepris depuis 1960. Il en est ainsi du Code pénal, du code de procédure pénale, du code de procédure civile, du code des obligations civiles et commerciales, du code de la famille, etc. Beaucoup reste cependant à faire dans le domaine de la codification ; le but visé est de dégager les éclairages nécessaires dans tous les aspects des textes applicables en justice. Un tel travail n'est pas de tout repos pour rendre le fonctionnement de la justice plus rationnel, partant, plus efficace.

L'adaptation de la législation est une exigence fondamentale. Certaines difficultés de fonctionnement de l'État sont dans la plupart des cas dues à l'inadaptation des textes au contexte politique ET économique. Cette inadaptation du droit judiciaire résulte de plusieurs facteurs :

1- L'administration d'État est un organisme replié sur lui-même alors qu'elle devrait s'ouvrir au monde extérieur. Lorsqu'elle prépare un texte, elle manifeste toujours des réticences à faire appel à des experts extérieurs pour recueillir leur avis. Les fonctionnaires soutiennent avoir toutes les compétences requises pour agir seuls. Ils ne sollicitent donc aucun avis externe. La solution réside dans le développement de procédures consultatives ouvertes et de sortes de référendum populaire. Il est particulièrement indiqué d'impliquer davantage les organisations non gouvernementales dans le processus d'élaboration et de mise en œuvre de la législation et de la réglementation.

2- L'adage populaire nous enseigne *que « nul n'est censé ignorer la loi »*. Mais faut-il que les textes de la loi soient publiés et accessibles à tous ? La publication du journal officiel est loin d'être régulière.

3- Il y a également que les textes de loi sont rédigés en des termes qui ne sont pas toujours compris par les justiciables. Il s'avère par conséquent nécessaire que les rédacteurs de textes législatifs comprennent que le langage qu'ils utilisent doit permettre à chaque citoyen de bien se pénétrer de leur substance. Deux approches sont possibles pour l'adaptation des textes : l'adaptation fonctionnelle et l'adaptation substantielle.

a) L'adaptation fonctionnelle : elle permet d'assurer la régularité des rapports sociaux. Elle suppose, entre autres, une coordination étroite entre l'action gouvernementale et les politiques publiques qui doivent être claires et cohérentes. L'adoption des textes aux conditions nouvelles d'exercice du pouvoir politique est ainsi un élément déterminant dans la promotion de la démocratisation et de la libéralisation économique.

b) L'adaptation substantielle : c'est l'adaptation du droit à l'environnement socioculturel, religieux et philosophique.

Il faut en convenir, la question de la modernisation de la législation et de la réglementation revêt une dimension existentielle. Le droit judiciaire doit en effet évoluer vers une plus grande simplification et une adaptation au contexte politique, économique et social actuel. Pour faciliter un tel travail, l'aide d'un **centre d'études et d'informations** juridiques s'avère nécessaire. Son but serait de permettre aux magistrats, aux chercheurs et aux juristes de tous bords de pouvoir accéder de manière instantanée à toutes informations d'ordre juridique disponibles. La structure à créer pourrait prendre la *dénomination* **« d'agence nationale pour l'information et la sécurité juridiques »**. Elle devrait bénéficier d'équipements informatiques de dernière génération et d'accès à l'internet à grande capacité. Une telle structure pourra non seulement s'ouvrir au monde, mais également jouer un rôle déterminant dans la consolidation de l'État de droit dans la région africaine.

SECTION 3 :
LA MODERNISATION DES INFRASTRUCTURES ET DES ÉQUIPEMENTS

La politique de rénovation, de réhabilitation et de construction des infrastructures et équipements du secteur public de la justice occupe un rang privilégié dans les préoccupations du ministère de la Justice. Un vaste programme a été entrepris dans ce cadre par le gouvernement du Sénégal avec le concours de la coopération française. Il s'agit de réhabiliter les palais de justice existants, d'en construire d'autres là où c'est nécessaire. S'agissant des établissements pénitentiaires, le même effort de rénovation et de réhabilitation est également engagé. C'est ainsi que la prison centrale de Rebeuss va bientôt abriter un bâtiment additionnel. Il est prévu par ailleurs la construction d'une nouvelle maison d'arrêt à Sébikhotane, avec une capacité de

1 500 places. Il existe également un projet de construction de six établissements pénitentiaires régionaux de 500 places chacun.

En matière de réalisation d'infrastructures et d'équipements, le problème le plus préoccupant demeure la maintenance des acquis. Ce problème n'est pas spécifique au Sénégal. Les pays du tiers monde sont concernés, particulièrement ceux d'Afrique de l'Ouest. **Le concept de maintenance** répond à un besoin essentiel dans toutes les instances de l'organisation administrative et technique des États. Il s'agit d'utiliser toutes les ressources humaines, matérielles et financières disponibles afin d'assurer le fonctionnement régulier des infrastructures et des équipements. **La maintenance** revêt plusieurs formes : elle est systématique, corrective et conditionnelle. Elle vise à maintenir ou à rétablir un service déterminé. Ce faisant, elle contribue à réduire les défaillances des matériels et des équipements, et à garantir une haute qualité et une durabilité de leur usage. Il s'agit, en d'autres termes, de mesures d'accompagnement nécessaires pour que les infrastructures et les équipements mis en place soient maintenus ou rétablis, permettant ainsi l'exécution des politiques publiques judiciaires.

CHAPITRE 2

LES POLITIQUES PUBLIQUES SECTORIELLES

Dans le cadre des orientations générales définies par le chef de l'État, le gouvernement a ouvert de nombreux chantiers tendant à renforcer l'État de droit et les bases du système démocratique. Les politiques publiques judiciaires menées dans ce cadre se caractérisent par leur nombre et leur diversité. Deux politiques publiques méritent une attention particulière parmi celles qui sont en cours : la politique menée dans le domaine de la protection des droits humains et la politique de lutte contre le terrorisme.

SECTION 1 : LA POLITIQUE DE PROTECTION DES DROITS HUMAINS

L'histoire enseigne qu'il existait au Sénégal, dans la société traditionnelle, bien avant la colonisation française, un système très éprouvé de protection des droits et libertés de l'homme et de la femme. Ce système, qui s'est consolidé au fil du temps, reposait essentiellement sur la moralité et la solidarité. Devenu indépendant en 1960, le pays a mis en œuvre tous les instruments nécessaires pour que la protection des droits de l'homme soit une réalité dans la vie quotidienne de chaque citoyen.

Comme le soulignait Raymond Verdier dans la revue « Droit et culture », nul peuple n'a le monopole des droits de l'homme, *« chaque société développe sa propre vision du monde et de l'homme. À chaque culture correspond un système de valeurs, une conception de ses droits, de ses obligations dans la société »*[73]. Le juge Kéba Mbaye ne disait pas autre chose lorsqu'il considérait que les droits de l'homme sont caractérisés par leur universalité et leur diversité. Pour lui, il existe bien une spécificité africaine des droits de l'homme. C'est ainsi qu'il existe un système sénégalais de protection des droits de l'homme, comme il en existe au Mali, en Côte d'Ivoire ou dans d'autres pays. Pour la République du Sénégal, l'accent est mis davantage sur la lutte contre la torture, la traite des personnes et pratiques similaires et la protection des femmes et des enfants.

§I — La lutte contre la torture

Le mot **« torture »** a une origine très ancienne. Mais sa signification a évolué avec le temps. À la fin du XIIe siècle, il signifiait « tortion », au XIIIe siècle « injustice » et dans les années 1190 « tort ». L'histoire enseigne également que le mot « torture » a pu correspondre à une peine grave ou supplice pouvant entraîner la mort.

Le dictionnaire **Le Petit Robert** donne du mot « torture » plusieurs définitions : souffrance physique *« infligée à quelqu'un pour lui faire avouer ce qu'il refuse de révéler » ; « mettre quelqu'un à la torture », « le mettre au supplice », « l'embarrasser », ou « le laisser dans l'incertitude ».* Le Code pénal sénégalais n'a pas donné une définition précise du mot « torture ». Il se borne à dégager son contenu. Il souligne, entre autres, son caractère dégradant *: « violence ou voies de fait ayant entraîné des blessures ou incapacité de travail totale de plus de 20 jours ».*

Les peines encourues sont aggravées lorsque les violences ont entraîné la mort, une mutilation, amputation ou privation de l'usage d'un membre : cécité, perte d'un œil ou d'autres infirmités permanentes. Il en est de même si la

[73] N° V de 1983, p. 83.

violence et les blessures portent sur les père et mère ou sont dirigées contre les enfants au-dessous de l'âge de quinze ans.

La République du Sénégal a très tôt combattu **« la torture »**, quel que soit son auteur. Elle a ainsi pris diverses mesures pour se conformer non seulement à ses engagements internationaux, mais s'est également engagé dans la moralisation du fonctionnement des services publics. Dans la plupart des cas en effet, **la torture** est le fait de fonctionnaires ou d'agents publics au cours des enquêtes préliminaires ou dans les lieux de privation de liberté. Plusieurs modifications ont été ainsi introduites dans le Code pénal ou le code de procédure pénale à cet effet : loi 2007-02 du 12 février 2007, et loi du 28 novembre 2 000 modifiant le code de procédure pénale. D'autres mesures non moins importantes ont été également mises en œuvre : il s'agit du contrôle de l'activité des officiers de police judiciaire par la chambre d'accusation de la cour d'appel et de la création d'un poste d'observateur des lieux de privation de liberté, etc.

I. Le contrôle des activités des officiers de police judiciaire

L'expérience enseigne que la **torture** est généralement commise par des agents publics, soit au moment de l'enquête préliminaire, soit dans les lieux de privation de liberté. Les nouvelles dispositions du code de procédure pénale prévoient que les victimes d'abus ou de torture peuvent saisir directement la chambre d'accusation de la cour d'appel. C'est en effet cette institution qui est chargée d'assurer la surveillance des officiers de police judiciaire. Un tel mécanisme présente de réels avantages, car il peut aboutir au retrait de la qualité d'officier de police judiciaire par la chambre d'accusation en cas de manquements graves. Cette ouverture par la saisine de la chambre d'accusation marque ainsi un progrès important dans la voie de la réforme de l'institution judiciaire. Il en est ainsi de l'institution de l'observatoire national des lieux de privation de liberté.

II. L'institution de l'observateur national des lieux de privation de liberté

L'observateur national des lieux de privation de liberté a pour mission de visiter, à tout moment, les lieux de privation de liberté. Il peut, dans ce cadre, faire des recommandations aux autorités nationales susceptibles de contribuer à l'amélioration des établissements visités. Il peut aussi proposer toutes mesures d'ordre législatif ou réglementaire lorsque cela s'avère nécessaire[74]. **L'observateur national** des lieux de privation de liberté est une personnalité indépendante, ayant servi en qualité de magistrat, d'avocat ou de membre des forces de défense et de sécurité[75]. Les ressources dont il dispose proviennent essentiellement du budget de l'État. Il peut également bénéficier de subventions des collectivités locales ou de toutes autres personnes, physique ou morale. De création récente, **l'observateur national** n'a pas suffisamment de recul pour prouver son utilité et son efficacité.

§II — La lutte contre la traite des personnes et des pratiques similaires

La lutte contre la traite des personnes et des pratiques similaires est organisée par la loi 2005-06 prise en application de la convention des Nations Unies relative à la répression de la traite des êtres humains et de l'exploitation de la prostitution entrée en vigueur le 25 juillet 1951.

---

[74] Dans l'exécution de sa mission, l'observation nationale ne peut recevoir aucune instruction d'une autorité administrative.

[75] Il a les avantages d'un directeur de l'administration centrale.

Aux termes de la loi précitée, *« le recrutement, le transport, l'hébergement, l'accueil de personnes par menace ou recours à la violence, enlèvement, fraude, tromperie, abus d'autorité ou de situation de vulnérabilité ou par offre ou acceptation de paiement d'avantages pour obtenir le consentement d'une personne ayant l'autorité sur une autre aux fins d'exploitation sexuelle, de travail ou services forcés, des clavages ou pratique analogue à l'esclavage, de servitude et punir d'un emprisonnement de 5 à 10 ans et d'une amende de 5 à 20 millions de francs ».* L'incrimination est aggravée dans trois cas.

1er cas : l'infraction est commise avec utilisation d'actes de torture ou de barbarie ;

2e cas : l'infraction est commise en vue de prélèvement d'organes humains ;

3e cas : l'infraction expose la victime à un risque immédiat de mort ou blessures ou de nature à entraîner une infirmité permanente.

Dans ces trois cas, la détention criminelle est portée de 10 à 30 ans. Le maximum de cette peine est encouru lorsque l'infraction est faite en réunion, à l'égard d'une personne mineure ou particulièrement vulnérable en raison de son état de grossesse, de son âge avancé ou de son état de santé très grave, avec usage de moyens de diffusion de masse, par un ascendant ou par une personne ayant autorité sur la victime. L'enquête relative à la traite des personnes est menée conformément aux dispositions du code de procédure pénale avec, cependant, quelques dérogations :

1- Les visites, perquisitions, saisies peuvent s'effectuer de jour et de nuit à l'intérieur des locaux supposés servir de lieux d'hébergement des victimes.

2- Les enregistrements audio, radios ou par tous moyens électroniques de conservation peuvent servir de moyens de preuves.

3- Tous les actes effectués dans le cadre de l'enquête doivent avoir comme unique objectif la recherche relative à l'infraction (traite des êtres humains et pratiques similaires).

Peut être poursuivi, tout individu qui, sur le territoire national, s'est rendu complice d'un crime ou délit commis à l'étranger. Il en est ainsi pour tout étranger qui se trouve sur le territoire national, s'est rendu coupable ou complice d'un crime commis tout ou en partie au Sénégal. De même, tout étranger qui hors du territoire national du Sénégal s'est rendu coupable ou complice d'un crime lorsque la victime est de nationalité sénégalaise.

§III — La protection des droits de la femme et de l'enfant

Depuis l'accession du Sénégal à l'indépendance nationale, en 1960, les gouvernements qui se sont succédé à la tête du pays ont tous été préoccupés par la difficile condition de la femme et de l'enfant. Ainsi, toutes les politiques publiques à dominante sociale ont accordé une attention soutenue à la promotion des droits de la femme et de l'enfant.

I. La protection des femmes

Pour les femmes, il s'agit de faire évoluer le statut juridique des femmes afin de leur permettre d'obtenir les mêmes conditions de vie, les mêmes chances que les hommes pour construire ensemble leur avenir commun.

Certes, beaucoup de progrès ont été accomplis en faveur de la femme depuis les premiers jours de l'indépendance. La première constitution du pays (26 août 1960), comme celles qui ont suivi ont, toutes, proclamé l'égalité des sexes. Le préambule de la Constitution du 7 janvier 2001 a fait une référence explicite à la convention des Nations Unies sur l'élimination de toutes formes de discrimination à l'égard de la femme[76]. Le pays a également ratifié la convention sur l'égalité des rémunérations hommes femmes. Cette convention, qui établit l'égalité de rémunération[77] entre la main-d'œuvre masculine et la main-d'œuvre féminine pour un travail de valeur égale, a été adoptée par la 34e session de l'OIT le 29 juin 1951.

Sur le plan national, les autorités ont pris toutes les mesures nécessaires pour rendre effectif le principe d'égalité entre hommes — femmes dans les divers domaines de l'activité nationale : éducation, formation professionnelle, attributions de bourses, participation aux activités sportives, emploi, rémunération, sécurité sociale, santé, sécurité du travail, etc. C'est certainement dans le domaine politique que la femme sénégalaise a réalisé les progrès les plus importants. Alors que dans les pays de démocratie très avancée on cherche encore la solution pour réaliser l'égal accès aux charges politiques, le Sénégal a déjà mis en œuvre le principe de la parité homme/femme pour toutes les fonctions électives : listes paritaires aux élections locales, nationales, bureaux des assemblées, etc. Même pour des charges non électives, des efforts importants ont été accomplis : fonction de préfet, gouverneur, ambassadeur, ministre, armée, police, douane, etc. Ainsi, c'est à marche forcée que les femmes sénégalaises ont entrepris de démolir, une à une, les forteresses masculines afin de rendre effective la reconnaissance de la capacité juridique de la femme au même titre que l'homme.

II. Mesures en faveur des enfants

Comme pour les femmes, le Sénégal s'est également engagé à assurer la protection des droits de l'enfant. Certes, la situation est encore plus difficile, mais beaucoup d'efforts ont déjà été entrepris en faveur des enfants. Le chemin est

---

[76] Résolution 34/180 du 18 décembre 1979.

[77] Convention ratifiée par 27 États africains, dont le Sénégal.

encore long pour franchir toutes les étapes devant conduire à l'atteinte des objectifs fixés par les différentes conventions internationales en faveur de l'enfance. Dans le cadre de sa politique de promotion des droits de l'enfant, le Sénégal a adhéré à l'ensemble des conventions, chartes, résolutions et recommandations adoptées par la communauté internationale.

1- **La convention internationale des droits de l'enfant** adoptée à New York le 20 novembre 1989 entrée en vigueur le 2 septembre 1990 et ratifiée par le Sénégal le 26 juin 1990 par la loi 90-21. Cette loi a fait l'objet d'un amendement par la loi 2003-32.

2- **La charte africaine des droits** et bien-être de l'enfant adoptée par la 25e conférence des chefs d'État, ratifiée par le Sénégal par la loi 98-41 du 8 septembre 1998.

3- **La résolution 2002/92** de la Commission des droits de l'homme sur les droits de l'enfant adoptée le 26 avril 2002 lors de sa 58e séance.

4- **La convention n° 10** concernant l'âge d'admission des enfants au travail dans l'agriculture adoptée le 16 novembre 1921 par le conseil d'administration au Bureau International du Travail lors de sa 3e session tenue à Genève et entrée en vigueur le 3 août 1923. Elle est ratifiée par le Sénégal par la loi 62-46 du 13 juin 1962. Cette convention a été révisée par la convention n° 138.

5- **Les principes directeurs** de Bamako pour l'harmonisation des législations nationales contre l'exploitation des enfants dans l'espace francophone (28-29 mars 2002).

6- **La décision A/DEC-3/5 2000 relative au trafic d'enfants de la communauté** économique des États de l'Afrique de l'Ouest, prise lors de da 23e session de la conférence des chefs d'État et de gouvernement à Abidjan les 20-29 mai 2000.

Sur le plan interne, l'État du Sénégal a mis en œuvre un dispositif institutionnel multidimensionnel et multisectoriel des droits de l'enfant. Il s'agit notamment de la création d'un ministère de la Femme, de la Famille et de l'Enfance, de la création de la cellule d'appui à la protection de l'enfance, CAPE, de la création, au ministère de l'Éducation nationale, de l'inspection des daaras rattachée au cabinet du ministre, du projet d'appui à la modernisation des daaras, de la création, au ministère de la Justice, de la direction de l'éducation surveillée et de la protection sociale qui compte plus de 36 services spécialisés dans le domaine de la protection de l'enfant en danger, de la création de la brigade des mineurs au ministère de l'Intérieur, ainsi que le centre d'écoute d'information et d'orientation pour l'enfant en situation difficile, de la création des centres de sauvegarde, des centres de réinsertion sociale, des centres pour adolescents, du comité national de lutte contre le travail des enfants (arrêté n° 01-031 du 9 mars 2005), de la création du Comité intersectoriel national de protection de l'enfant, rattaché au cabinet du premier ministre, etc.

Outre les actes qui viennent d'être énumérés, le Sénégal a pris, sur le plan législatif et réglementaire, diverses mesures tendant à renforcer la protection des droits des enfants. Il s'agit notamment de :

- loi 72-01 du 12 juin 1972 portant code de la famille modifiée (JO 1972 p. 1295) ;

- loi 2005-06 du 10 mai 2005 relative à la santé de la reproduction ;

- décret 60-247 du 13 juillet 1960 organisant la protection maternelle et infantile au Sénégal (JO 3388, p. 759) ;

- décret 86-535 du 9 mai 1986 portant création et organisation d'un comité national de l'état civil (JO 5122, p. 267).

Cette énumération des textes pris par le Sénégal sur le plan interne pour la protection des droits des enfants n'est pas exhaustive. Il reste toutes les autres mesures destinées à combattre le terrorisme, une menace directe contre les enfants.

SECTION 2 : LA POLITIQUE DE LA LUTTE CONTRE LE TERRORISME

Action brutale et spectaculaire, le **terrorisme** a toujours accompagné l'homme dans les grands bouleversements des XIXe et XXe siècles. Depuis l'attentat de Sarajevo qui a marqué le début de la Première Guerre mondiale, **le terrorisme** a trouvé continuellement de nouveaux objectifs et de nouveaux théâtres d'affrontement.

Dans sa forme actuelle, **le terrorisme** se présente comme une sorte d'alternative à la guerre. Si la guerre est menée par les États entre eux, le terrorisme est considéré comme l'arme de ceux qui n'ont pas d'État. Il est également l'arme de ceux qui désirent détruire leur État ou l'ordre international. Enfin, **le terrorisme** peut avoir comme but la destruction ou la déstabilisation des sociétés modernes. Les méthodes utilisées sont sensiblement les mêmes dans tous les cas de figure : assassinats de personnalités, destruction de potentiels économiques, désinformation, utilisation de bombes contre les masses humaines. Tous les moyens sont ainsi bons. Il s'agit de frapper de manière spectaculaire l'imagination publique. Le terrorisme n'épargne personne ni aucun pays.

§I — Signification et portée du concept « terrorisme »

Le concept « **terrorisme** » signifie, selon le dictionnaire Littré, *« établir le règne de la terreur »*. C'est le philosophe Emmanuel Kant qui utilisa le terme pour la première fois en

1778 pour décrire *« une conception pessimiste du destin de l'humanité »*.

Le terme « **terrorisme** » a été introduit dans le grand dictionnaire de l'Académie française pour décrire les excès de la terreur révolutionnaire. **Le terrorisme** n'est donc pas une action isolée, cantonnée dans le temps. C'est au contraire une véritable stratégie appelée à durer avec l'emploi systématique de la terreur.

Le terrorisme est apparu à travers l'histoire comme l'œuvre de groupements d'individus qui agissent sous la forme clandestine dans le but d'anéantir le gouvernement, soit pour changer les structures ou l'ordre politique, soit pour lui substituer un autre ordre politique et social. Son recours est lié au contexte politique dans lequel il s'est inscrit.

Le phénomène du **terrorisme** est devenu de nos jours universel. Son extension et sa diffusion à l'échelle mondiale obéissent à plusieurs facteurs : apparition de nouvelles technologies de l'armement, développement de la communication de masse. D'autres facteurs ont également contribué au développement du phénomène du **terrorisme** : extension d'idéologies de combat, nouvelles modalités de construction de l'État, dislocations des grands ensembles coloniaux qui ont longtemps dominé le monde (français, anglais, ottoman, russe, etc.). Il en est résulté une nouvelle répartition de la planète terre. L'espace géopolitique et géostratégique se trouve ainsi morcelé, déplaçant ainsi le centre de gravité du monde. De vingt-trois au congrès de Vienne en 1816, le nombre des Etats est passé à plus de 180 aujourd'hui. Ils sont tous membres de l'ONU.

Le **terrorisme** comme instrument de combat politique s'est particulièrement illustré dans les luttes populaires russes au XIXe siècle, dans les luttes indépendantistes d'Irlandais, le combat israélo — palestinien, les tentatives de déstabilisation de l'État en Allemagne, en Italie, les luttes pour l'indépendance de l'Inde, du Pakistan, de Chypre, de l'Algérie, les luttes de libération en Amérique du Sud. Le terrorisme est devenu aujourd'hui universel, avec l'emploi de moyens considérables.

§II — Moyens et techniques d'intervention du terrorisme

Le **terrorisme** se développe de manière vertigineuse en utilisant des moyens considérables et des techniques de plus en plus sophistiquées. Ses points d'ancrage sont constitués de réseaux dissimulés partout dans le monde. S'appuyant sur des structures puissantes, il utilise des moyens diversifiés : armement en tous genres, bombes artisanales, armes chimiques, biologiques, voire nucléaires, bombes télécommandées, lettres, colis, armes de destruction massives, etc.

L'organisation terroriste vise des cibles variées de manière indiscriminée : massacres, enlèvements de personnes, viols de femmes, détournements et destructions d'avions, prises d'otages, attentats contre les personnes et les biens. Il y a ainsi une variété infinie de formes d'intervention et une grande diversité des cibles visées.

Parmi les pays qui ont le plus souffert du **terrorisme,** il y a, d'abord, l'Angleterre avec le conflit irlandais, la France, l'Italie, l'Espagne. Les États-Unis d'Amérique ont vu le 11 septembre 2001 le jour le plus sombre de leur histoire, avec la destruction des fameuses tours de New York. En Afrique, il y a l'Algérie, la Tunisie, la Libye, le Maroc, la Mauritanie, le Mali, le Niger, le Tchad, le Nigeria, pays les plus durement touchés avec les attaques aveugles et quotidiennes de Bokou Aram. Aucun pays dans le monde n'est donc épargné. Le combat à mener contre le phénomène du terrorisme doit donc être une réponse commune de toute l'humanité. Seule une mobilisation générale à l'échelle mondiale peut en effet endiguer, voire maîtriser son développement.

§III — Les réponses au phénomène du terrorisme

Face à un terrorisme multiforme dont les effets désastreux se font sentir à l'échelle nationale et internationale, il faut un engagement résolu de tous les gouvernants du monde pour y faire face. La réponse au **terrorisme** doit être en effet une mobilisation de la communauté nationale et internationale avec tous les moyens disponibles. Elle devra revêtir un caractère multidimensionnel et emprunter la voie de la dramatisation pour frapper les esprits, car, comme le disait un éminent auteur, « *Longtemps tenue en marge, la violence s'est installée au cœur de la cité. Pas encore maîtresse, mais ce temps peut venir si rien n'est fait pour répondre à l'interpellation qu'elle nous adresse. Ce temps viendra sans doute* ». La lutte contre le phénomène terroriste revêt ainsi plusieurs dimensions : politique, militaire, économique, culturelle, sociale. Les politiques suivies dans ce cadre sont préventives ou répressives.

I. Les politiques préventives

L'idée de prévention dans la lutte contre la délinquance et la criminalité a été préconisée pour la première fois par le mouvement de scolarisation à la fin du XIXe siècle. Elle a été popularisée par le fameux appel de Victor Hugo *« ouvrez les écoles, vous fermerez les prisons »* et appuyé fortement par les adeptes du travail social qui lui ont donné un essor considérable.

La prévention est axée sur un traitement social de la délinquance. Le but visé est d'agir sur les causes ou les facteurs d'insécurité. On distingue ainsi deux catégories de politiques : les politiques dites de prévention sociale et les politiques de prévention situationnelle.

Elles tendent à l'aménagement d'espaces, à l'élaboration de programmes et d'actions destinés à agir sur les facteurs sociaux ou les facteurs à risques identifiés comme générateurs de comportements délinquants ou d'exclusion sociale. Ces politiques agissent sur les causes du comportement délinquant par le développement social, c'est-à-dire à travers des actions multisectorielles servant d'intérêt de la communauté : emploi, éducation, urbanisme, logement, santé, police, justice. C'est dans ce cadre qu'il faut placer les politiques de soutien aux jeunes et aux familles. Il y a également des politiques de responsabilisation des délinquants pour leur permettre de surmonter les difficultés et désavantages socioéconomiques. Parmi les politiques de soutien aux jeunes, on peut citer, entre autres, les programmes de création d'emploi, les programmes de prévention du comportement antisocial chez les enfants défavorisés, les programmes de formation professionnelle, le développement des aptitudes des parents et des enfants pour prévenir la délinquance, les programmes de lutte contre la pauvreté, l'amélioration des services urbains comprenant, entre autres, les équipements et les services de loisirs. Le champ est donc très vaste pour concevoir des programmes de responsabilisation des personnes défavorisées.

Les actions à mener sont multiformes. On peut citer, entre autres, les programmes et les actions dans les domaines suivants : le contrôle des armes à feu, à l'origine de beaucoup de décès et blessures, la prévention de la violence par l'adoption d'une réglementation rigoureuse des débits de boissons, le traitement des toxicomanes pour éviter les récidives, l'encadrement des fans pour réduire la violence dans les stades de foot, l'utilisation des médias dans la réduction de la violence, etc.

Pour mettre en œuvre le concept de prévention, plusieurs types d'action sont possibles : amélioration de l'environnement dans les quartiers et les villes, renforcement de la présence humaine par la mise en œuvre de programmes de surveillance de quartier avec l'embauche de gardiens de rue ou par une police de proximité, recours aux technologies de vidéosurveillance pour réduire les vols et cambriolages surtout, ou dans les lieux publics ou dans les lieux de commerce.

La prévention, dans son idée et par son contenu, prend le contrepied des politiques sécuritaires répressives. Pour Jacques Donezelot, l'acte délictuel doit être considéré *« comme le symptôme d'une carence de la société appelant réparation comme une transgression délivrée justifiant sanction »*[78]. Il existe cependant des incriminations de prévention qui ne sont pas liées au comportement du délinquant. Celles-ci visent soit *« à ordonner, soit à accomplir un acte susceptible d'éloigner un danger, soit à interdire un acte que l'expérience fait apparaître comme dangereux non pas vraiment en lui-même, mais en raison de ses conséquences possibles »*[79]. À titre d'exemple, on peut citer, entre autres : l'obligation d'attacher la ceinture, le port du casque pour les cyclomoteurs, la conduite à droite, l'interdiction du vagabondage, la divagation d'animaux, les dépôts sur la voie publique, etc.

Les politiques préventives ont été ces dernières années soumises à de rudes critiques d'inspiration néolibérale. Parties d'Amérique, elles ont trouvé écho en France et en Europe avec des auteurs classés à droite, tels Sorman et Benton. Ceux-ci dénoncent l'illégitimité des politiques préventives qui traduisent une emprise de plus en plus forte de l'État par l'intervention abusive dans des domaines traditionnellement réservés à la société civile. Il n'est pas possible de suivre une telle argumentation. Les politiques préventives sont certes insuffisantes, mais nécessaires. Il y a même obligation à les utiliser en combinaison avec les poli-

---

[78] Jacques Donzelot, Prévention, répression, éloge du pragmatisme, sécurité intérieure dans les cahiers de la documentation FSE 1er avril 1990 p.61.

[79] Jean-Paul Doucet, *La protection pénale de la personne humaine*, Paris, Gazette du palais, p. 217.

tiques publiques répressives dans l'élaboration d'une stratégie globale de lutte contre le phénomène multidimensionnel du terrorisme.

II. Les politiques publiques répressives

La philosophie pénale qui a prévalu avant le Siècle des lumières pour substituer la prison aux supplices en vigueur s'est beaucoup renforcée au cours des XVIIIe et XIXe siècles pour faire de la prison le moyen de rétribution des délits et crimes, d'éducation des délinquants. Depuis cette époque, les politiques publiques mises en vigueur avant et après les indépendances africaines ont dégagé des horizons très vastes. De tels horizons couvrent à la fois l'action des forces de défense et de sécurité, la procédure pénale ainsi que les lieux de privation de liberté. Il s'agit, face à la montée de la délinquance et de la criminalité, d'opter pour un contrôle policier plus rigoureux et un alourdissement des sanctions pénales.

Les politiques publiques répressives revêtent deux aspects. Il y a d'abord le renforcement de l'action des forces de défense et de sécurité qui se traduit par une augmentation des effectifs de la police et de la gendarmerie. Il y a ensuite le renforcement du dispositif législatif répressif.

1. Le renforcement de la répression policière

Le renforcement de l'action des forces de défense et de sécurité vise à dissuader les délinquants et les criminels à faire des déplacements. Il faut multiplier les contrôles des policiers et des hommes de la gendarmerie en réalisant un quadrillage de zones territoriales avec l'érection de barrages, et assurer le contrôle d'identité. Ces contrôles systématiques doivent intervenir le plus fréquemment possible. Si elles sont effectuées de manière régulière, ces opérations finissent par créer un climat d'insécurité chez les malfaiteurs. Comme le disait Charles Pasqua, ancien ministre français de l'Intérieur, il faut *« terroriser les terroristes »*.

Au Sénégal, la mise en œuvre de politiques répressives a conduit à créer tant au sein de la police que de la gendarmerie des unités spécialisées (brigades antigangs, escadrons d'intervention, etc.). Ces unités sont même devenues *« le symbole d'une nouvelle police toute-puissante »*.

2. Le renforcement du dispositif législatif répressif

Les exigences de la stratégie nationale de lutte contre l'insécurité sont à la base d'un renforcement du dispositif législatif répressif. Il est apparu en effet que l'approche policière de lutte contre le terrorisme est insuffisante pour endiguer le fléau de la violence. Il est donc nécessaire de renforcer le dispositif législatif afin de durcir la répression des délits et crimes et d'assurer la réorganisation du système judiciaire dans sa globalité : création des chambres criminelles au sein de la cour d'appel et des tribunaux de grande instance, élargissement des compétences des chambres d'accusation, réforme du Code pénal et du code de procédure pénale, réforme des établissements pénitentiaires, renforcement des capacités des magistrats dans le domaine de la lutte antiterroriste, modernisation des infrastructures et des équipements. Il est évident que ces différents efforts ne peuvent porter leurs fruits que dans le cadre d'une coopération judiciaire ouverte sur le monde.

CHAPITRE 3

LA COOPÉRATION JUDICIAIRE INTERNATIONALE

Dans le concert des États, des nations et des peuples, la République du Sénégal a toujours apporté sa contribution à la construction d'un ordre international de paix, de liberté, de progrès économique et social. Elle a non seulement adhéré aux principaux instruments juridiques internationaux, mais a également signé des accords de coopération avec divers États, organismes, agences, institutions qui œuvrent pour la paix et le développement. Sur le plan judiciaire, sa préoccupation constante a été et demeure la préservation de la paix et la coopération tant sur le plan bilatéral que multinational.

SECTION 1 : LA COOPÉRATION JUDICIAIRE BILATÉRALE

Dans le cadre de la coopération judiciaire bilatérale, les réalisations du Sénégal sont multiples. Le pays a en effet signé des accords de coopération avec de très nombreux pays à travers le monde : pays du voisinage immédiat, de la sous-région ouest-africaine, pays du continent africain, européen, américain, asiatique. Un examen, même superficiel, de la liste des pays avec lesquels le Sénégal entretient des liens de coopération judiciaire montre la très grande diversité des liens conventionnels entretenus par le Sénégal à travers l'Afrique et le monde. Qu'il s'agisse d'assistance, de coopération sous-régionale, régionale et continentale, le

Sénégal a pu ainsi développer un vaste programme de coopération judiciaire bilatérale. Le tableau ci-après en donne une illustration éloquente.

États	**Date et lieu**
France	Signé à Paris le 29 mars 1974
Guinée	Signé le 22 juin 1962
Gambie	Signé entre le Sénégal et la Gambie le 22 avril 1973
Espagne	Signé le 11 avril 2014
Tchad	Signé à Dakar le 3 mai 2013
Maroc	
Ukraine	Signé à Dakar le 17 juin 2013

De tous les accords mentionnés ci-dessus, deux revêtent des traits spécifiques. Il s'agit essentiellement des accords signés avec la France, l'ancienne puissance colonisatrice, et les accords signés avec le Tchad dans le cadre des poursuites judiciaires engagées par l'Union africaine à l'encontre de l'ex-président du Tchad, Hussein Habré, pour les crimes et violations de droits de l'homme commis pendant qu'il présidait l'État du Tchad 1982-1990.

§I — Les accords judiciaires franco-sénégalais

Les accords franco-sénégalais en matière de justice ont été signés dès le lendemain de l'accession du Sénégal à l'indépendance nationale en 1960. Les premiers accords en matière de justice ont été signés le 14 juin 1962. Ils ont été abrogés et remplacés par la convention de coopération judiciaire du 29 mars 1974. Cette dernière convention dégage trois principes directeurs qui doivent encadrer la coopération judiciaire franco-sénégalaise, à savoir : le principe de réciprocité, le principe d'égalité et le principe de respect mutuel. Mais, à la vérité, de tels principes ne sont pas nouveaux. Ils figurent en effet dans la plupart des accords de coopération entre États souverains. Ce qui importe dans ce cadre, c'est sans nul doute le contenu des accords plus que la forme.

Les accords franco-sénégalais de coopération judiciaire ont une portée générale. Ils couvrent tous les domaines d'activités judiciaires : entraide judiciaire, transmission et remise des actes judiciaires et extrajudiciaires, transmission et exécution des commissions rogatoires en matière civile, sociale, commerciale ou administrative, commissions rogatoires en matière pénale, dénonciations aux fins de poursuites, l'accès aux tribunaux, la caution judiciaire, dispositions concernant l'exéquatur, décisions en matière civile, sociale, commerciale et administrative, dispositions relatives à l'extradition, etc.

La coopération judiciaire entre la France et le Sénégal couvre ainsi des domaines très vastes. La France a en effet accompagné la République du Sénégal depuis fort longtemps déjà dans ses efforts pour la construction d'un État de droit et de démocratie. C'est ainsi qu'elle a contribué à la modernisation des infrastructures judiciaires et à la formation des personnels. Avant la création du Centre national de formation judiciaire, la France assurait la formation initiale et continue des magistrats, greffiers, inspecteurs de l'éducation surveillée, interprètes judiciaires. Elle a soutenu l'établissement du Centre national de formation judiciaire qui entretient aujourd'hui des liens de coopération très étroits avec l'École nationale de la magistrature française.

§II — Les accords judiciaires sénégalo-tchadiens

Les accords sénégalo-tchadiens de coopération judiciaire font suite à ceux signés entre le Sénégal et l'Union africaine portant sur les chambres africaines. Ils visent essentiellement à faciliter les enquêtes entreprises par les chambres africaines pour les poursuites et le jugement de l'ex-président Hussein Habré pour les crimes et violations de droits qu'il a commis lorsqu'il était au pouvoir à Ndjamena.

Les accords sénégalo-tchadiens prévoient l'entraide judiciaire entre les deux pays. Ceux-ci s'engagent mutuellement à accorder l'assistance légale et judiciaire la plus large possible en faveur des chambres africaines dans les poursuites et le jugement de l'ex-président Hussein Habré. **L'entraide** couvre les opérations suivantes : notification des décisions de justice, réception de témoignages et déclarations de personnes, citation de témoins et d'experts aux fins de déposition, transport et sécurité des témoins et des experts, exécution des saisies de biens, immobilisation d'actifs et assistance aux procédures relatives à la confiscation, réalisation d'inspection, de saisie et, le cas échéant, d'exhumations pour examen d'objets et les descentes sur les lieux, remise de documents de rapports, d'informations et de preuves, transfert de personnes détenues, et tout autre acte de procédure, pourvu qu'un accord soit intervenu entre le Tchad et le Sénégal (article 4 de l'accord).

Le dispositif mis en place pour faciliter les différentes opérations d'**entraide** est constitué par la désignation, par chacune des parties, d'une **« autorité centrale »,** en l'occurrence le ministère de la Justice dont le rôle consiste à servir d'intermédiaire pour toutes les demandes **d'entraide judiciaire**. On évite ainsi les procédures administratives très lourdes inhérentes à l'assistance judiciaire habituelle.

Le traité sénégalo-tchadien permet aux juges des chambres africaines extraordinaires d'instruire non seulement des actes d'instruction sur le territoire tchadien, mais également de faciliter les déplacements des témoins tchadiens tant au Tchad qu'au Sénégal. Les deux parties s'engagent, en outre, à accorder aux témoins toutes les garanties et protections nécessaires sur leur territoire avant, pendant et après leurs dépositions.

Les accords sénégalo-tchadiens de coopération judiciaire constituent sans nul doute un progrès significatif dans la lutte contre l'impunité. En permettant l'entraide la plus large possible en faveur des chambres africaines, ils ouvrent la possibilité d'une réelle mise en œuvre des décisions de la conférence des chefs d'État et de gouvernement de l'Union africaine relatives à la poursuite et au jugement des principaux coupables des crimes et violations graves du droit international, de la coutume internationale et des conventions internationales ratifiées par les deux parties. Ainsi s'ouvre et se consolide une coopération judiciaire multilatérale très large.

SECTION 2 : LA COOPÉRATION JUDICIAIRE MULTILATÉRALE

Le champ de la justice dans la vie internationale est infiniment vaste. Outre les relations classiques entre les États, il existe un immense domaine d'intervention où évoluent une multitude d'organismes, d'agences, d'institutions qui ont un rapport direct ou indirect avec la justice. La coopération judiciaire est née dans ce contexte pour contribuer au resserrement des rapports entre les différents acteurs internationaux afin de préserver la paix et d'assurer la protection des droits de l'homme et des peuples.

La coopération judiciaire internationale ne revêt pas cependant les mêmes formes partout en raison de la diversité des situations politiques, économiques et géographiques. Plusieurs formes de coopérations sont appliquées dans les continents et les grandes régions du monde, plus particulièrement en Afrique.

§I — La coopération judiciaire à l'échelle africaine

Une distinction s'impose tout d'abord : la coopération judiciaire revêt des aspects différenciés selon les approches suivies pour la construction de l'unité africaine. Pour le président **Léopold Sédar Senghor**, ancien chef de l'État du Sénégal, il faut réaliser l'unité du continent africain selon une approche basée sur des cercles concentriques. Il faut soulignait-il, partir des sous-régions et régions avant d'arriver à l'unité continentale africaine. C'est dans ce cadre que plusieurs tentatives d'organisations sous-régionales, régionales ont été entreprises en Afrique de l'Ouest et dans les autres régions d'Afrique.

I. La coopération judiciaire multilatérale en Afrique de l'Ouest

En Afrique de l'Ouest, il existe principalement deux organisations sous-régionales : la **Communauté économique des États** de l'Afrique de l'Ouest (CEDEAO) et **l'Union économique et monétaire ouest-africaine** (UEMOA). Dans l'approfondissement et l'élargissement de leurs domaines de compétences, ces deux organisations ont chacune créé une Cour de justice. On distingue ainsi la Cour de justice de la CEDEAO et la Cour de justice de l'UEMOA. Le Sénégal est membre fondateur de ces deux institutions judiciaires.

A. La Cour de justice de la CEDEAO

La Cour de justice de la CEDEAO a été créée dans le cadre du traité révisé de la communauté économique des États de l'Afrique de l'Ouest. Elle fait l'objet d'un protocole adopté par les chefs d'État et de gouvernement en 1993. La compétence de la **Cour** s'applique à tous les cas de violations portant sur les droits de l'homme dans les États membres de la CEDEAO. Le mandat imparti à la

Cour vise à assurer le respect des dispositions du traité révisé et de tous autres instruments juridiques subsidiaires adoptés par la communauté, et à protéger les victimes de violations des droits de l'homme. La Cour est également investie de la mission d'intervenir en cas de litiges entre les différentes institutions de la communauté.

Outre ses compétences d'ordre contentieux, la **Cour** exerce des compétences consultatives. C'est ainsi qu'elle rend des avis consultatifs sur toutes questions juridiques portant sur l'interprétation du texte communautaire. La **Cour** joue ainsi un rôle d'arbitrage en attendant la création d'un véritable tribunal d'arbitrage communautaire.

1. Modalités d'accès à la Cour

La procédure d'accès à la Cour distingue deux situations :

1- **Les requêtes contentieuses** : elles sont directement soumises à la Cour par le biais de demandes écrites adressées au registre. Les requêtes doivent indiquer le nom du requérant, la partie contre laquelle la procédure est engagée et contenir l'exposé sommaire des faits de la cause, les demandes requises par le demandeur.

2- **Les requêtes d'ordre consultatif** : elles sont introduites pour les États membres par l'autorité des chefs d'État et de gouvernement, par toutes autres institutions de la CEDEAO, par des personnes physiques et morales sur tous actes de la communauté qui violent leurs droits, par des personnels de l'une des institutions de la CEDEAO. Il en est de même *« des personnes victimes de violations des droits de l'homme commises dans un État membre, les tribunaux nationaux ou toutes autres parties à une affaire lorsque les tribunaux ou parties demandent que la Cour de la CEDEAO interprète pour des raisons préliminaires la* *signification d'un instrument juridique de la communauté ».*

2. Composition de la Cour de justice

La **Cour de justice de la CEDEAO** est composée de **sept juges indépendants** qui sont des personnes de haute moralité, désignées par l'autorité des chefs d'État et de gouvernement sur une liste comprenant deux personnes nommées par chaque État membre. Les juges sont nommés pour une durée de quatre ans sur recommandation du Conseil supérieur de la magistrature de la communauté.

3. L'autorité des décisions de la Cour de justice

La Cour rend deux types de décisions :

1- Elle fait des déclarations sur la légalité des règlements, directives, décisions et autres instruments juridiques subsidiaires adoptés par la CEDEAO.

2- Elle rend des avis consultatifs sur toutes questions juridiques qui exigent une interprétation du texte communautaire.

Depuis sa création, la Cour de justice de la CEDEAO a rendu de nombreuses décisions. 85 % des cas conclus par elle sont liés à des allégations de violation des droits de l'homme au sein des États membres de la communauté. C'est la même tendance qui a été relevée au sein de la Cour de justice de l'UEMOA.

B. La Cour de justice de l'UEMOA

L'Union économique et monétaire ouest-africaine est une institution internationale qui regroupe les huit pays de l'Afrique de l'Ouest ayant en commun l'usage de la monnaie commune, le CFA. Elle couvre le Bénin, le Burkina Faso, la Côte d'Ivoire, le Mali, le Niger, le Sénégal, le Togo et la Guinée-Bissau.

L'UEMOA, qui a vu le jour avec le traité du 10 janvier 1994, a pour objectif la réalisation en Afrique de l'Ouest d'un marché commun, c'est-à-dire d'une zone de libre-échange dans l'espace couvert par l'institution communautaire. **L'Union** dispose des organes suivants : la conférence des chefs d'État et de gouvernement, le conseil des ministres, la commission, le comité interparlementaire, la Cour des comptes, la chambre consulaire régionale, la Banque centrale des États de l'Afrique de l'Ouest (BCEAO), la Banque ouest-africaine de développement (BOAD) et la **Cour de justice.** Créée par l'article 38 du traité de l'Union, la **Cour de justice** est régie par la section I du protocole additionnel qui définit sa constitution, ses compétences et les procédures suivies.

1. Constitution de la Cour de justice de l'UEMOA

La Cour de justice est composée de huit membres. Chaque État membre propose une personnalité à la conférence des chefs d'État et de gouvernement. Le candidat proposé doit *« être une personnalité offrant toutes les garanties d'indépendance et de compétence juridique nécessaires à l'exercice des plus hautes fonctions juridictionnelles »*. Le mandat des juges est de six ans renouvelables.

Les membres de la Cour de justice, une fois nommés, désignent en leur sein, pour une durée de trois ans, le président de **la Cour de justice**.

Les postes de juges et d'avocats généraux sont répartis entre les huit membres. Un greffier est nommé par la Cour de justice.

2. Compétence de la Cour de justice

Les compétences de la Cour de justice sont relativement étendues. Elles comprennent, entre autres : assurer le respect du droit relativement à l'interprétation et à l'application du traité de l'UEMOA et de la légalité des règlements, directives et décisions de l'institution communautaire, arbitrer les conflits entre États membres ou entre l'Union et ses agents. Les arrêts de **la Cour de justice** ont force exécutoire. Ils font l'objet de publication au journal officiel de l'Union.

3. Procédure suivie devant la Cour de justice

Les procédures suivies devant la Cour de justice revêtent plusieurs formes : la saisine en appréciation de la légalité, le recours pour interprétation d'un acte des organes de l'institution, le recours en exception d'illégalité et le recours préjudiciel.

1- La saisine en appréciation de la légalité

Le recours en appréciation de la légalité est ouvert contre les règlements, directives et décisions d'un des organes de l'Union. Peuvent intenter un tel recours : les États membres individuellement, le conseil des ministres, la commission ainsi que toutes personnes physiques ou morales lésées. Le recours doit intervenir dans un délai de deux mois à compter de la date de l'acte, du jour où le requérant en a pris connaissance. Il existe, à côté du recours en appréciation de légalité, un autre type de recours appelé recours en exception d'illégalité.

2- Le recours en exception d'illégalité

La Cour de justice est saisie dans le cadre du recours en exception d'illégalité par :

- toute partie qui, à l'occasion d'un litige, soulève l'exception d'illégalité à l'encontre d'un acte du conseil des ministres ou de la commission :

- toutes juridictions nationales ou toutes autorités juridictionnelles nationales en cours de procès.

3- Le recours en interprétation d'un acte pris par un organe de la communauté

Lorsque la commission constate une interprétation erronée du traité ou des actes des organes de l'Union, elle saisit la **Cour** qui, après étude du dossier, notifie à la juridiction nationale supérieure de l'État membre un arrêt déterminant les interprétations exactes. Le recours en interprétation peut être également introduit par chaque État membre, le conseil des ministres ainsi que toutes personnes physiques ou morales contre tout acte d'un organe de l'Union leur faisant grief. Les interprétations données par la **Cour** en matière d'interprétation s'imposent à toutes les autorités administratives et juridictionnelles de l'État concerné.

Indépendamment du recours pour interprétation, la **Cour** peut être saisie par un recours préjudiciel qui revêt les mêmes formes que le recours en interprétation.

4- Le recours préjudiciel

Ce type de recours intervient lorsque, à l'occasion d'un litige, une juridiction nationale ou autorité à fonction juridictionnelle est appelée à donner son appréciation sur la légalité ou l'interprétation des actes pris par les organes de l'Union. La **Cour de justice** peut être saisie aussi pour décider à titre préjudiciel. Dans ce dernier cas, les interprétations données par la Cour saisie à cet effet ont force obligatoire à l'égard de toutes autorités administratives et juridictionnelles dans l'ensemble des États membres de l'Union.

Il est évident que des efforts importants ont déjà été entrepris en Afrique de l'Ouest pour élaborer et mettre en œuvre un système judiciaire moderne accessible à tous. Il importe qu'ils soient transposés dans le reste du continent africain.

II. La coopération judiciaire à l'échelle continentale africaine

Deux grands événements judiciaires ont marqué la vie internationale durant ces dernières décennies. Il s'agit de l'adoption de la **charte africaine des droits de l'homme et**

des peuples et l'accord réalisé entre le Sénégal et l'Union africaine sur la création, au sein des juridictions sénégalaises, des **chambres africaines extraordinaires**. Ces deux événements, sur lesquels la diplomatie sénégalaise s'est beaucoup investie, constituent un tournant dans l'évolution de la justice en Afrique, plus particulièrement en Afrique de l'Ouest. Ils constituent une avancée significative dans la lutte contre l'impunité et la protection des droits de l'homme et des peuples en Afrique de l'Ouest.

A. La charte africaine des droits de l'homme et des peuples

Dans l'introduction à la **charte africaine des droits de l'homme et des peuples**, Maurice Glélé Strantranzo affirmait péremptoirement *« qu'il n'y a pas un droit de l'homme africain »*. Pour lui, comme pour beaucoup d'autres auteurs, **les droits de l'homme** sont un concept universel. C'est dans ce sens que le préambule de la déclaration universelle des droits de l'homme du 10 décembre 1948 a pu souligner qu'une *« conception commune des droits de l'homme et des libertés fondamentales est de la plus grande importance pour remplir pleinement l'engagement pris par les États membres des Nations Unies d'assurer le respect universel et effectif des droits et libertés »*[80].

Le concept des droits de l'homme ne revêt pas cependant les mêmes formes partout en raison de sa trop grande dépendance par rapport au régime juridique et politique d'une société géographiquement située. Raymond Verdier le souligne avec force : *« A partir de ces trois principes fondamentaux : pluralité des ordres juridiques, rapports communautaires et statutaires, relations complémentaires et hiérarchiques, se dégage une conception générale africaine des droits de l'homme au niveau cosmologique, et*

[80] Organisation de l'Unité Africaine. Vs études offertes à Claude Albert, Paris, Colliard, 1948.

politique »[81]. Ainsi, il existe bel et bien une spécificité africaine des droits de l'homme. Le juge Kéba Mbaye dans son remarquable ouvrage ***« les droits de l'homme en Afrique »***, confirme cette assertion et réitère l'affirmation de Jean Bernard Marie selon laquelle *« les droits de l'homme ne sont l'exclusivité d'aucune époque, d'aucun lien, d'aucune culture »*[82].

L'idée d'une charte africaine des droits de l'homme est relativement ancienne. Elle est née en janvier 1961 à l'occasion de la première conférence des juristes africaines qui s'était tenue à Logos (Nigeria). Dans la déclaration faite à l'issue des travaux, il y était mentionné le vœu des participants de la création d'une **commission africaine des droits de l'homme**. Mais ce n'est qu'après de multiples réunions, rencontres, interventions de l'ONU, et des directives répétées données par les autorités de l'OUA, et bien d'autres péripéties que la **charte africaine des droits de l'homme** a été adoptée par la conférence ministérielle réunie à Banjul (Gambie) du 7 au 19 janvier 1981. La **charte** a été ensuite soumise à la conférence des chefs d'État et de gouvernement qui l'a adoptée à une très large majorité. Elle est aujourd'hui approuvée par l'immense majorité des États indépendants d'Afrique.

Incontestablement, l'adoption de la **charte africaine des droits de l'homme et des peuples** constitue une avancée significative dans l'affirmation des valeurs africaines de civilisation ainsi que dans la protection des droits fondamentaux de l'homme par la création de la **commission africaine des droits de l'homme**.

Les nombreuses critiques qui ont été formulées contre la charte africaine des droits de l'homme portent généralement

---

[81] Cité par Kéba Mbaye, *Les droits de l'homme en Afrique*, P. 51.

[82] Kéba Mbaye : « Les droits de l'homme en Afrique ». Paris, A. Pedone p. 51.

sur l'absence d'une **Cour de justice africaine des droits de l'homme**, à l'image de la Cour européenne. À vrai dire, une proposition dans ce sens a été faite pour juger les crimes contre l'humanité ainsi que toutes les violations des droits de l'homme dont les États membres se seraient rendus coupables. Mais après maintes discussions, la proposition avait été rejetée essentiellement pour des raisons d'opportunités politiques.

Les temps ont changé depuis. Les conceptions en matière des droits de l'homme ont aussi évolué. L'espoir est maintenant permis d'une reprise prochaine de la proposition visant à instituer à l'échelle africaine une **Cour des droits de l'homme et des peuples**. La création au Sénégal des chambres africaines extraordinaires en est une indication.

B. L'accord entre le gouvernement du Sénégal et l'Union africaine sur la création de chambres africaines extraordinaires au sein des juridictions sénégalaises

L'accord entre le gouvernement de la République du Sénégal et l'Union africaine sur la création des chambres africaines extraordinaires au sein des juridictions sénégalaises est l'aboutissement d'un long processus entamé par l'Union africaine tendant à assurer la poursuite et le jugement des crimes internationaux commis sur le territoire tchadien au cours de la période du 7 juin 1982 au 1er décembre 1990. Cet accord est naturellement différent de celui que le gouvernement sénégalais avait signé avec la République du Tchad pour permettre un bon déroulement des enquêtes menées par les chambres africaines portant sur le même objet.

Premier du genre en Afrique, **l'accord Sénégal/Union africaine** portant création des chambres africaines extraordinaires[83] a pour but de poursuivre le ou les principaux res-

[83] Accord signé le 22 avril 2012 à Dakar.

ponsables des crimes et violations graves du *« droit international, de la coutume internationale et des conventions internationales ratifiées par le Tchad et le Sénégal commis sur le territoire tchadien du 7 juin 1982 au 1er décembre 1990 »*. C'est dans le cadre de cet accord que le gouvernement du Sénégal a pris toutes les mesures d'ordre législatif, réglementaire et administratif permettant la mise en place et le bon fonctionnement des **chambres africaines extraordinaires,** conformément aux dispositions de l'article 1er de l'accord. Les **chambres africaines extraordinaires** revêtent ainsi le caractère international. Elles appliquent *« leur statut, le droit pénal international, le Code pénal et le code de procédure pénale sénégalais et les autres lois sénégalaises pertinentes »*. L'accord prévoit en outre toutes les dispositions relatives à la mise en place des chambres africaines, à leur organisation, au budget, aux privilèges et immunités, aux conseils des parties, à la protection des témoins, à la sécurité et protection des personnes visées par l'accord, à l'entraide judiciaire, aux règlements des différends. Il est également prévu les conditions d'entrée en vigueur ainsi que la fin de l'accord. Le statut des chambres joint en annexe à l'accord donne tous les détails nécessaires sur le fonctionnement, les compétences, la composition des chambres, le rôle et la place du ministère public, l'administration des chambres, la procédure et le déclenchement de l'action publique, les enquêtes et la procédure judiciaire, les droits de la défense, etc.

Ainsi, comme pour l'Afrique de l'Ouest, des progrès importants ont été entrepris dans le continent africain pour asseoir un système de justice, certes à parfaire, sur la base des normes internationales.

§II — La coopération judiciaire à l'échelle mondiale

L'idée de la création d'une juridiction internationale remonte très loin dans le passé. C'est Gustave Meymer, membre de la Croix rouge internationale, qui, au lendemain de la guerre franco-prussienne (1870), formula la demande de la création d'une **cour** chargée de juger les violations du droit international humanitaire. L'idée fut rejetée dans un premier temps. Elle n'a été reprise qu'à la fin de la Première Guerre mondiale pour être intégrée dans le traité de Versailles. Un tribunal international fut créé dans ce cadre avec pour mission de juger Guillaume II pour *« offense suprême à la morale internationale »*. Ledit tribunal n'a pu cependant fonctionner en raison de l'exil de Guillaume II aux Pays-Bas qui ont finalement refusé de l'extrader.

Le **Tribunal de Nuremberg** a été créé par la suite par les accords de Londres. Un des mérites de ce tribunal aura été d'avoir élaboré et popularisé le **concept de crimes contre la paix, les crimes de guerre et les crimes contre l'humanité.** En raison de la gravité des atrocités commises pendant la Seconde Guerre mondiale, l'Assemblée générale des Nations Unies jugea nécessaire la création, en 1948, d'une juridiction internationale permanente. À l'heure actuelle, deux grandes juridictions existent à ce jour : la Cour internationale de justice et la Cour pénale internationale.

I. La Cour internationale de justice

La Cour internationale de justice est l'organe judiciaire des Nations Unies. Elle a été instituée par la Charte des Nations Unies (article 92). Elle siège à La Haye (Pays-Bas), au Palais de la paix. Elle a succédé en 1945 à la Cour permanente de justice internationale qui a existé sous l'égide de la Société des Nations jusqu'en 1945, date de la création des Nations Unies. Son statut, qui est une reprise de celui de l'ancienne Cour permanente de justice internationale, définit les compétences de la CIJ, son organisation ainsi que le droit applicable.

A. Compétence de la Cour internationale de justice

La Cour internationale de justice a pour compétence le règlement *« des conflits juridiques soumis par les États. Elle donne des avis sur des questions juridiques présentées par les organes et agences internationaux des Nations Unies »*. Les compétences de la Cour se distinguent ainsi en deux catégories : les compétences contentieuses et les compétences consultatives.

1. Les compétences contentieuses

Seuls les États sont qualifiés pour saisir la Cour pour le règlement de leurs différends d'ordre juridique. Toutes les tentatives d'élargissement et de limitation des compétences de la CIJ entreprises en 1921 et en 1945 sont restées vaines. Trois cas de saisine sont possibles :

Premier cas : les deux États concernés acceptent de conclure un compromis pour soumettre leur différend à la Cour. Cette procédure est semblable à celle utilisée en matière d'arbitrage. Le traité liant les deux États doit prévoir la saisine de la Cour en cas de litige ou d'interprétation.

Deuxième cas : un État peut souscrire une déclaration facultative de juridiction obligatoire (article 36-2 du statut de la CIJ). Une telle déclaration peut être soumise à certaines conditions ou à un délai donné. Elle peut aussi formuler certaines réserves.

Indépendamment de la compétence contentieuse, la Cour internationale de justice peut être saisie pour donner des avis dans les conditions précisées dans son statut.

2. Les compétences consultatives de la Cour internationale de justice

La Cour internationale de justice peut être saisie pour avis par l'Assemblée générale des Nations Unies, le Conseil de sécurité. Cette compétence est également dévolue aux différents organes du système des Nations Unies[84].

Les arrêts donnés par la CIJ n'ont pas une portée obligatoire. Cela ne signifie pas cependant qu'ils n'ont pas d'effet juridique. **La Cour** utilise, en effet, les mêmes procédures et développe la même argumentation aussi bien en matière contentieuse que dans le domaine consultatif. Il en résulte que l'arrêt revêt la même importance qu'une déclaration officielle de la CIJ sur une question de droit.

B. Organisation de la Cour internationale de justice

Le statut de la **Cour internationale de justice** s'est beaucoup inspiré de celui de l'ancienne Cour permanente de justice internationale. Les deux Cours utilisent les mêmes instruments pour l'application du droit international.

La **Cour internationale de justice** est un organe principal du système des Nations Unies. Elle constitue le seul organe judiciaire. Elle bénéficie ainsi de la souveraineté dans son domaine de compétence qui est universelle. Tous les États membres des Nations Unies sont soumis à sa juridiction. Les États non membres de l'Organisation des Nations Unies peuvent également sous certaines conditions faire partie de la juridiction de la CIJ sous certaines conditions.

La Cour internationale de justice est une juridiction permanente. Elle est composée de juges élus pour un mandat de neuf ans. Les juges sont nommés à la suite d'un double scrutin au sein de l'Assemblée générale des Nations

---

[84] Les États ne bénéficient pas de cette prérogative.

Unies et du Conseil de sécurité. Les candidats doivent obtenir, pour être élus, la majorité absolue dans chacune des deux instances. Le mandat de juge est renouvelable par tiers pour permettre une continuité de jurisprudence. Trois principes directeurs régissent le fonctionnement de la CIJ.

1- Le principe d'indépendance

Les juges sont répartis géographiquement de manière équitable[85].

La Cour ne peut comprendre deux juges provenant d'un même pays.

2- Le principe de collégialité

La CIJ exerce ses compétences en séance plénière depuis la réforme intervenue en 1975. Le statut de la CIJ ouvre la possibilité de former des chambres d'au moins de trois membres. Les arrêts de la Cour sont adoptés à la majorité des juges présents. Ils sont signés avec la possibilité pour un juge d'exprimer une opinion dissidente c'est-à-dire un désaccord portant sur le dispositif ainsi que sur la motivation de l'arrêt.

3- Le principe de l'impartialité

Les membres de la CIJ ne peuvent exercer aucune autre activité professionnelle, ni participer au règlement d'une affaire dont autrement ils sont intervenus à quelque tire que ce soit.

C. Le droit applicable par la CIJ

L'article 38 du statut de la CIJ définit ainsi sa mission *« régler conformément au droit international les différends qui lui sont soumis »*. Le droit applicable est ainsi constitué :

[85] Afrique 2, Amérique latine 2, Europe occidentale et Amérique du Nord 5, Asie 3.

- « Les conventions internationales, soit générales, soit spéciales, établissant des règles expressément reconnues par les États en litiges ;

- la coutume internationale reconnue comme preuve d'une pratique générale, acceptée comme étant le droit,

- les principes généraux de droit reconnus par les nations civilisées ;

- les décisions judiciaires et la doctrine des juristes publicistes les plus qualifiés des différentes nations comme moyen auxiliaire de détermination des règles de droit ».

La Cour peut également statuer selon l'équité si elle y est autorisée par les deux parties. Dans la pratique, **la Cour** a été amenée, elle-même, à utiliser l'équité en tant *« que partie intégrante de l'interprétation de la norme juridique »*. C'est ce qu'on appelle « la suppléance normative » (1969, plateau continental de la mer du Nord). Elle a eu par ailleurs à se justifier sur ce point dans l'arrêt Cameroun septentrional 1963 *« sa fonction,* disait-elle *est de dire le droit, mais elle ne peut rendre des arrêts qu'à l'occasion de cas concrets dans lesquels il existe au moment du jugement un litige impliquant un conflit d'intérêts juridique entre les États ».*

Depuis sa création en 1945, la **Cour internationale de justice** a rendu peu d'arrêts. À vrai dire, elle s'est toujours trouvée impuissante en raison du poids exercé par les grandes puissances et surtout par les membres du Conseil de sécurité. Elle n'a ainsi traité que des affaires relativement mineures. Il reste cependant une institution de dissuasion. Dans beaucoup de cas, en effet, les Etats ont préféré rechercher, par la négociation directe, la conciliation, l'arbitrage pour résoudre leurs différends internationaux.

II. La Cour pénale internationale

La Cour pénale internationale a été créée à l'issue de la conférence diplomatique de plénipotentiaires des Nations Unies, réunie à Rome le 17 juillet 1998. Mais, ce n'est qu'au 1er juillet 2002 qu'elle a été installée officiellement, date à laquelle le statut de Rome est entré en vigueur. Le siège de la CPI se trouve à La Haye (Pays-Bas). Depuis le 15 janvier 2015, 123 États membres des Nations Unies sur 193 membres ont signé le traité de Rome et ont accepté de se soumettre à l'autorité de la CPI. Il y a cependant 32, États dont les États-Unis et la Russie, qui ont signé le traité, mais ne l'ont pas ratifié. Certains autres États tels que la Chine, l'Inde et Israël n'ont pas accepté de le signer.

1. Compétence de la Cour pénale internationale

Contrairement à la **Cour internationale de justice**, qui juge les États, la **Cour pénale internationale** juge les individus accusés de génocides, de crimes contre l'humanité, de crimes d'agression et de crimes de guerre.

La CPI exerce sa compétence sur la personne mise en accusation qui doit être un national d'un État membre ou si le crime supposé a été commis sur le territoire d'un État membre, ou encore si l'affaire lui est transmise par le Conseil de sécurité des Nations Unies. La CPI est en effet conçue pour compléter le système judiciaire des États membres. Elle ne peut ainsi exercer sa compétence que lorsque les juridictions nationales n'ont pas, soit la volonté, soit la compétence pour juger les crimes commis. Il en résulte que l'initiative de l'enquête et du jugement des crimes relevés est de la compétence des États membres.

2. Organisation de la Cour pénale internationale

La Cour pénale internationale comprend les organes suivants :

- **la présidence de la Cour** : elle est composée du président et de deux vice-présidents (1er et 2e vice-président).

- **Les chambres** : il existe 3 chambres : la chambre préliminaire, la chambre de première instance, la chambre d'appel.

Outre la présidence et les chambres, il existe le bureau du procureur.

Les chambres assurent les fonctions judiciaires. Elles étudient la validité des requêtes et jugent. Les juges sont élus par les États parties pour un mandat de 3 , 6 et 9 ans. Les crimes sur lesquels la Cour est appelée à statuer doivent être commis après l'entrée en vigueur du statut (1er juillet 2002). **La Cour** peut prononcer des peines d'emprisonnement maximales de 30 ans, des peines d'amende ou de confiscation des profits liés directement ou indirectement au crime.

Les procédures ouvertes par la CPI, depuis son installation, concernent au moins sept cas, tous africains : Ouganda, République démocratique du Congo, République Centrafricaine, Soudan (Darfour), Kenya, Libye et Côte d'Ivoire. La Cour a mis en accusation seize personnes, dont sept en fuite.

De très nombreuses critiques ont été formulées à l'encontre de la **Cour pénale internationale** : longueur excessive des procédures, actes d'accusation formulés de façon vague, éloignement des victimes par rapport à l'institution, difficultés énormes en matière de coopération judiciaire internationale. D'aucuns ont même dénoncé en des termes véhéments la justice pénale internationale, les ressorts politiques qui la sous-tendent ainsi que le caractère encore inachevé de l'édifice en cours[86].

---

86 Albert Bourgi, préface du livre de Sidi Kaba, *La justice universelle en question : Justice de blancs contre les autres ?,* Paris, L'Harmattan, 2010.

Bibliographie

I- Ouvrages

Abdoulaye Aziz NDaw, *Sécurité pour l'émergence du Sénégal* l'Harmattan, 2015.

Alla Dieng, *Les vergetures de Dame justice,* Dakar, Carrefour éditions.

Cheikh Diakhoumpa, *Traité théorique et pratique de procédure pénale*, Dakar, 2015, Tome 1.

Jean Luc Marret, *Techniques du terrorisme*, Paris, PUF, 2000.

Kéba Mbaye, *Les droits de l'homme en Afrique*, Paris, éd. A. Pedone, 1992.

Kéba Mbaye, *Propos d'un juge*, Nouvelles éditions africaines, 2006.

Mamadou Diop, *L'administration d'Etat au Sénégal*, Dakar, Clairafrique, 2011.

Mamadou Diop, *Le système politique au Sénégal*, Dakar, Clairafrique, 2011.

Pierre Calame et André Talmant, *l'État au cœur*, Paris, Fondation Charles Léopold Mayer, 1997.

Roger Perrot, *Institutions judiciaires*, Paris, éd. Mont Christien, 15e éd., 2012.

Seydou Madani Sy, *Les régimes politiques sénégalais de l'indépendance à l'alternance politique*, 1960-2008, Iroko-Karthala.

Sidiki Kaba, *La justice universelle en question.*

— *Justice de Blancs contre les autres*, Harmattan, 2010.

Waline, *Traité de droit administratif*, 9e éd., Mont Christien, Paris.

II- Études-communications-thèses

Assises nationales-Sénégal, *Bilan et perspectives de refondations*, Paris, L'Harmattan, 2001.

Cathala Thiery, *Le contrôle de la légalité administrative par les tribunaux judiciaires*, Paris, LGD, 1966.

Droits de l'homme et des peuples en Afrique et charte africaine : rapport d'une conférence tenue à Nairobi du 2 au 4 décembre 1985 organisée par l'association internationale des juristes.

F. Luchaire, « Le problème de la justice dans la communauté », dans ouvrage collectif *La justice*, Paris, PUF.

G. Duby, « La justice et le juge aux temps féodaux », dans ouvrage collectif *La justice*, Paris, PUF, 1967.

Georges Berlia, « La France et le gouvernement des juges », dans ouvrage collectif *La justice*, Paris, PUF, 1961.

Gouvernement Sénégal : *La justice au Sénégal.*

La Constitution de la République sénégalaise.

Les arrêts et décisions du Conseil constitutionnel

Ed. Jurisen, 1994.

Jacques Douzelot, *Prévention, répression, éloge du programme sécurité intérieure, Cahiers de la documentation française*, 1er avril 1990.

L'État de droit au Sénégal : Actes 8e colloque de la RIPAS. Dakar, 1er et 4 décembre 1992.

Vedel, *Cours de droit administratif*

Les cours de droit. Recueil – législatif et jurisprudence – gouvernement Sénégal, Paris, 1964.

ANNEXES

Annexe I

Liste des gardes des Sceaux, ministres de la Justice du Sénégal (1957-2000)

Prénoms Noms -	Décrets de nomination	Appellations	Observation
Gabriel d'Arboussier	Décret 60-283— SG du 20 avril 1960	Garde des Sceaux, ministre de la Justice	
Gabriel d'Arboussier	Décret 60-313/SG 7 septembre 1960	Garde des Sceaux, ministre de la Justice	
Doudou Thiam	Décret 62-172/PR du 12 novembre 1962	Garde des Sceaux, ministre de la Justice	
André Guillabert	Décret 62-194 du 19 décembre 1962	Garde des Sceaux, ministre de la Justice	
Gabriel d'Arboussier	Décision n° 3 PR/Di cab 18 décembre 1962 du	Commissaire provisoire à la Justice	
Alioune Badara Mbengue	Décret 63-794 du 9 décembre 1963	Garde des Sceaux, ministre de la Justice	

Alioune Badara Mbengue	Décret 669-450 du 15 juin 1966	Garde des Sceaux, ministre de la Justice	
Abdourahmane Diop	Décret 68-256 du 6 mars 1968	Garde des Sceaux, ministre de la Justice	
Abdourahmane Diop	Décret 68-651 du 6 juin 1968	Garde des Sceaux, ministre de la Justice	
Abdourahmane Diop	Décret 70-250 du 28 février 1970	Garde des Sceaux, ministre de la Justice	
Amadou Clédor Sall	Décret 71-406 du 10 avril 1971	Garde des Sceaux, ministre de la Justice	
Amadou Clédor Sall	Décret 72-720 du 19 juin 1972	Garde des Sceaux, ministre de la Justice	
Amadou Clédor Sall	Décret 73-342 du 5 avril 1973	Garde des Sceaux, ministre de la Justice	
Alioune Badara Mbengue	Décret 74-194 du 16 février 1974	Garde des Sceaux, ministre de la Justice	

Alioune Badara Mbengue	Décret 75-333 du 26 mars 1975	Garde des Sceaux, ministre de la Justice	
Alioune Badara Mbengue	Décret 45-1111 du 21 novembre 1975	Garde des Sceaux, ministre de la Justice	
Alioune Badara Mbengue	Décret 77-153 du 23 février 1977	Garde des Sceaux, ministre de la Justice	
Alioune Badara Mbengue	Décret 78-239 du 13 mars 1978	Garde des Sceaux, ministre de la Justice	
Alioune Badara Mbengue	Décret 78-855 du 19 septembre 1978	Garde des Sceaux, ministre de la Justice	
Alioune Badara Mbengue	Décret 80-001 du 2 janvier 1980	Garde des Sceaux, ministre de la Justice	
Alioune Badara Mbengue	Décret 81-003 janvier 1981	Garde des Sceaux, ministre de la Justice	

Doudou Ndoye	Décret 83-401 du 13 avril 1983	Garde des Sceaux, ministre de la Justice	
Doudou Ndoye	Décret 83-461 du 1er mai 1983	Garde des Sceaux, ministre de la Justice	
Doudou Ndoye	Décret 84-1151 du 9 octobre 1984	Garde des Sceaux, ministre de la Justice	
Doudou Ndoye	Décret 85-011 du 4 janvier 1985	Garde des Sceaux, ministre de la Justice	
Seydou Madany Sy	Décret 86-01 du 2 janvier 1986	Garde des Sceaux, ministre de la Justice	
Seydou Madany Sy	Décret 87-1301 du 20 octobre 1987	Garde des Sceaux, ministre de la Justice	
Seydou Madany Sy	Décret 88-501 du 5 avril 1988	Garde des Sceaux, ministre de la Justice	

Serigne Lamine Diop	Décret 90-332 du 27 mars 1990	Garde des Sceaux, ministre de la Justice	
Serigne Lamine Diop	Décret 91-429 du 8 avril 1991	Garde des Sceaux, ministre de la Justice	
Serigne Lamine Diop	Décret 93-296 du 3 avril 1993	Garde des Sceaux, ministre de la Justice	
Jacques Baudin	Décret 93-720 du 2 juin 1993	Garde des Sceaux, ministre de la Justice	
Jacques Baudin	Décret 95-312 du b15 mars 1995	Garde des Sceaux, ministre de la Justice	
Serigne Diop	Décret 98-603 du 4 juillet 1998	Garde des Sceaux, ministre de la Justice	

Annexe II

Les dix commandements de la bonne gouvernance

La promotion de la bonne gouvernance repose sur les critères ci-après :

I- Le choix des hommes et femmes responsables

1- Compétence

2- Expérience

3- Motivation

4- Responsabilité

II- L'exercice des responsabilités

5- Légalité des actes entrepris

6- Régularité dans le traitement des affaires

7- Transparence des opérations

8- Concertation entre les acteurs

9- Coordination des activités

10- Programmation-planification

Maître Mamadou DIOP

TABLE DES MATIÈRES

DEUXIÈME PARTIE

LA DIMENSION TECHNIQUE DE LA JUSTICE

TROISIÈME PARTIE

LA DIMENSION POLITIQUE DE LA JUSTICE

L'Harmattan Italia
Via Degli Artisti 15; 10124 Torino
harmattan.italia@gmail.com

L'Harmattan Hongrie
Könyvesbolt ; Kossuth L. u. 14-16
1053 Budapest

L'Harmattan Kinshasa
185, avenue Nyangwe
Commune de Lingwala
Kinshasa, R.D. Congo
(00243) 998697603 ou (00243) 999229662

L'Harmattan Congo
67, av. E. P. Lumumba
Bât. – Congo Pharmacie (Bib. Nat.)
BP2874 Brazzaville
harmattan.congo@yahoo.fr

L'Harmattan Guinée
Almamya Rue KA 028, en face
du restaurant Le Cèdre
OKB agency BP 3470 Conakry
(00224) 657 20 85 08 / 664 28 91 96
harmattanguinee@yahoo.fr

L'Harmattan Mali
Rue 73, Porte 536, Niamakoro,
Cité Unicef, Bamako
Tél. 00 (223) 20205724 / +(223) 76378082
poudiougopaul@yahoo.fr
pp.harmattan@gmail.com

L'Harmattan Cameroun
BP 11486
Face à la SNI, immeuble Don Bosco
Yaoundé
(00237) 99 76 61 66
harmattancam@yahoo.fr

L'Harmattan Côte d'Ivoire
Résidence Karl / cité des arts
Abidjan-Cocody 03 BP 1588 Abidjan 03
(00225) 05 77 87 31
etien_nda@yahoo.fr

L'Harmattan Burkina
Penou Achille Some
Ouagadougou
(+226) 70 26 88 27

L'Harmattan Sénégal
10 VDN en face Mermoz, après le pont de Fann
BP 45034 Dakar Fann
33 825 98 58 / 33 860 9858
senharmattan@gmail.com / senlibraire@gmail.com
www.harmattansenegal.com

L'Harmattan Bénin
ISOR-BENIN
01 BP 359 COTONOU-RP
Quartier Gbèdjromèdé,
Rue Agbélenco, Lot 1247 I
Tél : 00 229 21 32 53 79
christian_dablaka123@yahoo.fr

Achevé d'imprimer par Corlet Numérique - 14110 Condé-sur-Noireau
N° d'Imprimeur : 136572 - Dépôt légal : mars 2017 - *Imprimé en France*